I

GÉNÉALOGIE

De la Famille de Mr. le Conf. de Cluny raportée suivant ses preuves & les contredits qu'on y donne.

LES Sieurs de la Maifon de Clugny ne comptoient pas être jamais obligés d'entrer dans cette difcuffion, qui ne pouvoit être que défagréable à leur adverfaire. Le Public qui ne juge fouvent que par les aparences qui fe prefentent à fes yeux, s'imagine que le principe de ces fortes de recherches eft la paffion ou l'animofité qui régnent dans la plus grande partie des procés. A Dieu ne plaife que ce fût là leur motif; ils font iffus d'un fang qui leur infpire des fentimens plus élevés; ils n'entrent dans cet éxamen que par force & néceffité.

Mr. le Confeiller de Cluny a crû trouver fon avantage pour faire décider le fond du procés en fa faveur, de faire deux Généalogies; celle de la Maifon de Clugny, & la fienne. Il a travaillé à la premiere avec tant d'aigreur, & fi peu d'éxactitude, qu'il l'a entiérement défigurée. Quand on ne raifonne que fur les idées d'une imagination échauffée, on fe trompe prefque toûjours. L'on a démontré par la production contenuë au Cayer, qu'il s'étoit trompé dans une infinité de rencontres. Il a travaillé à la feconde, avec tant d'aveuglement & de vanité, qu'il a eu le front de dire que *toutes les branches de la Maifon de Clugny étoient éteintes à la referve de la fienne.* (a) Sur ce pied là, le Nom & les Armes qu'on lui difpute feroient propres à lui feul; Les Sieurs Produifants n'y auroient aucun droit, & dans la fuite il pourroit prendre contre eux les mêmes Conclufions qu'ils ont prifes contre lui. Il s'agit donc actuellement de faire voir quel eft le véritable état du Deffendeur, de démêler la fource de fon origine, de dévoiler la condition de fes ancêtres, pour que la Cour & le Public ne fe méprennent point dans la diftinction qu'ils doivent faire des véritables Enfans de la Maifon, de ceux qui ne font que des enfans fupofés.

La Cour fent la conféquence de ce point de fait. Le Deffendeur a réduit là l'état du procés; qu'il ne trouve donc pas

* Dans fon invent. p. 3.

A

mauvais le détail dans lequel on est obligé d'entrer.

Le Deffendeur a rendu sa généalogie publique, il a reçû à ce que l'on dit des éloges de son travail, il en a promis une seconde édition; en attendant qu'elle vienne on va donner la critique de la premiere.

Pour contredire avec plus d'éxactitude la généalogie que Mr. le Conseiller de Cluny a donnée lui même de ses ancêtres l'on va mettre les termes mot à mot dont il s'est servi dans, son inventaire imprimé depuis la p. 3. jusques à la p. 13. inclusivement, on en fera une colomne séparée qui sera la premiére en lettres italiques; La seconde, en lettres Romaines, contiendra les contredits qu'on va fournir.

PREMIER DEGRE'.	CONTREDITS
Jean de Clugny 1ʳ. *du nom*	Sur ce premier degré.
marié à	
Guiotte de Beze.	

I	I
Pour prouver ce premier degré Mr. le Conseiller de Cluny produit un extrait écrit de la main dudit Palliot, du Contrat de mariage dudit Jean de Clugny, qualifié Citoyen d'Autun, licencié es loix, avec Guiotte de Beze *en datte du 3. Janvier* 1382 *en presence de* Hugues *& de* Guillaume de Clugny *ses freres, qui sont les mêmes dont on a parlé d'abord, & qui s'établirent caution du douaire de ladite* Guiotte de Beze. *Ledit extrait cotté.* I. (V. son inventaire imprimé p. 3. & 4.)	Le Généalogiste débutte mal. Avant que de choisir ce *Jean de Clugny* pour en faire le premier degré de sa descendance, il devoit tout au moins s'instruire à fond de son état. *Jean de Clugny* étoit Noble comme on la prouvé cy devant, aux pages 46. & 48. de ce cayer, & il le qualifie simplement *Citoyen d'Autun.* Il y a plus. *Jean de Clugny* étoit Seigneur de Saint Pierre en Vaulx, Montigoux, Cortecloux, Chailly, Champeculeon, Alonne, Vergoneccy &c. l'on void cela aux mêmes p. 46. & 48. ce qui prouve qu'il

étoit un grand Seigneur, & le généalogiste ne lui donne aucune Seigneurie. Il ne le connoissoit donc pas : or un enfant qui ne connoit pas son pere n'est pas un enfant légitime, ce ne peut être qu'un enfant supofé. Donc *Jean de Clugny* ne peut pas avoir fait le premier degré de la généalogie du Deffendeur.

Mais de quelle nature est la preuve dont se sert là le Deffendeur pour établir ce premier degré ? c'est *l'extrait,* dit-il, *d'un Contrat de mariage dudit Jean de Clugny écrit de la main de Palliot.* Palliot étoit il un Greffier, un Notaire, ou autre personne publique revétu d'un carractére, pour que ce qui seroit écrit de sa main, sans aprobation, dût faire foy en justice? Non; c'étoit un Imprimeur de cette Ville. Cet extrait prétendu se trouve-t-il dans ses manuscrits, ou dans les livres qu'il a imprimés? Non: il est écrit sur un brouillon de papier, sur une demi feuille volante, & détachée, sans suitte, sans ordre, sans liaison, sans aprobation de l'Auteur. Où a t'on trouvé ce prétendu extrait?

eſt-ce dans les papiers de Palliot & aprés ſa mort? Non il ſe trouve entre les mains du Deffendeur ſans ſçavoir comment il y eſt venu. Cet extrait prétendu a-t-il été reconnu en juſtice pour avoir été écrit de la main de Palliot? Non encor un coup, le Deffendeur a voulu le faire reconnoître. Comme cela tendoit à faire un incident qu'il auroit trouvé le ſecret d'allonger tant qu'il auroit voulu, on lui répondit que cette reconnoiſſance étoit de toute inutilité, qu'elle ne tendoit à rien, que l'on conſentoit au reſte, qu'il tira de ce prétendu extrait telles inductions qu'il voudroit, ſauf à les contredire.

Dans ces circonſtances qu'elle foi peut donc mériter ce prétendu extrait? quel caractère de probabilité peut-il porter avec ſoi? qui oſa jamais produire un acte ſi informe, ſi délabré, ſi imparfait? ce n'eſt donc pas là une preuve dont le Deffendeur puiſſe ſe prévaloir pour établir que *Jean de Clugny* fut marié à *Guiotte de Beze* , & par conſéquent point de foi ſur cet allegué.

SECOND DEGRE'.	CONTREDITS
Jean de Clugny 2ᵈ· *du nom* marié à *Philipée de la Boutiere.*	Sur ce degré qui n'eſt pas le ſecond, mais le premier.

I.

Pour prouver ce ſecond degré Mr. de Clugny employe des lettres patentes de Jean Duc de Bourgogne du mois de Juillet 1414. par leſquelles il eſt juſtifié que led. Jean de Clugny eut cinq Enfans , entre autres un Jean de Clugny ſecond du nom. (V. ſon invent. imp. p. 4.)

I.

Ces lettres patentes ſont de la production du Deffendeur, on ne ſçait pas par quelle voye il les a recouvrées. Quoiqu'il en ſoit , il eſt ſûr qu'elles ne lui apartiennent pas , puiſque ce *Jean de Clugny* dont il eſt parlé dans ces deux degrés eſt un des Auteurs collatéraux des Sieurs de la Maiſon de Clugny ;

lequel n'eſt rien au Deffendeur ; en attendant qu'on les répete , on obſerve préalablement qu'il eſt vrai , comme on la déja dit , que ces lettres énoncent que *Jean de Clugny*, Garde des Sçeaux eut cinq Enfans, dont deux furent nommés *Jean* , les autres furent *Guillaume, Geoffroy , & Alix.* De ces deux , enfans nommés *Jean* , l'un étoit mort au tems que leſdittes lettres d'amortiſſement furent expediées , car elles font mention de cette circonſtance , ainſi il n'en faut plus parler. De plus le Deffendeur ne pouvoit en être deſcendu , puiſqu'il étoit Chanoine à Beaune. L'autre *Jean* ſurvécu à ſon pere , fut héritier de ſes biens pour une portion , & fut Chanoine de Beaune, Official d'Autun , Garde des Sçeaux aprés ſon pere , il fut nommé à l'Archevêché de Beſançon. (b) ainſi ce ſecond *Jean* n'a pû faire un deuxième degré ; cela eſt conſtant , & ſape la Généalogie du Deffendeur par le fondement. Suivons le Généalogiſte dans ſes preuves.

b Preuves. p. 75.

1 I.

Pour juftifier que led. Jean de Clugny *fecond du nom avoit é-poufé* Philipée de la Boutiere, *Mr. de Clugny employe le Contrat de Mariage de* Marie de Clugny *en datte du* 3e· *Août* 1478. *qualifiée fille de feu* Jean de Clugny *Ecuyer demeurant à Aval-lon, autorifée de* Philipée de la Boutiere *fa mere, & de* Pierre de Clugny *fon frere, en prefen-ce d'*Antoine de Vezon, *& au-tres fes parens.* (Ibid.)

I I.

L'on convient avec le Def-fendeur qu'il y a eu un *Jean de Clugny* qui eut pour femme *Philipee de la Boutiere;* il en a raporté lui-même la preuve: mais on lui foûtient que ce mê-me *Jean* eft celui qui eft quali-fié Jean Bâtard de Cluny & que c'eft lui qui, avec lad. *Philipée de la Boutiere,* a fait le premier degré de fa race. L'on prouve-ra dans un inftant ce fait par Titres autentiques.

L'on a déja fait voir dans la Généalogie des Sieurs de la Maifon de Clugny, que ce *Jean de Cluny* marié à *Philipée de la Boutiere* ne pouvoit pas defcendre de *Jean de Clugny* Garde des Sçeaux, dont il eft parlé aux lettres patentes de 1414. parce que celui là n'eut point de Fils nommé *Jean* qui fut marié. L'on ne répétera pas ici les convictions qu'on a employées fur cet article; il n'y a qu'à revoir ce qui a été dit là-deffus depuis la p. 55. jufqu'à la 75. de leur cayer, où l'on a fait voir que le Deffendeur voulant éviter la defcendance d'un homme d'Eglife, s'étoit acroché, fans y penfer, à un autre hom-me d'Eglife.

III.

La Cour eft fupliée *d'obferver que la famille de* la Boutiere *eft auffi originaire de la ville d'Au-tun.* François de la Boutiere *qui fut premierement Avocat du Roy à Autun, & enfuitte Confeiller au Parlement, vivoit en même tems que* Philipée de la Boutiere; *com-me on le peut voir dans le Parle-ment de* Palliot *p.* 152.*Ce qui for-tifie la preuve de la defcendance de* Jean fecond, *de* Jean premier (ibid. p. 4.)

I I I.

Il faut être extrêmement dé-nué de preuves, & avoir mis bas toute pudeur, pour mettre en avant un fi miférable argu-ment. Et qu'elle induction peut-on tirer néceffairement d'une demeure à une defcendance? ce feroit donner du crédit à un femblable raifonnement que de le combattre. (v. ce qui eft dit à la p. 63. & l'addition qui eft au bas.)

IV.

Pour en mieux établir la liai-fon, tant pour ce 2e· *degré que pour les autres qui fuivent, Mr. de Clugny employe le Contrat de Mariage de* Bartholomine de Clugny, *fille de* Pierre de Clu-gny, *premier du nom & de* Mar-guerite Obé, *en datte du* 20. *Juillet* 1511. *auquel* Pierre de Beze *eft de Vefelay pere du fu-*

IV.

Qui vid jamais tirer la liaifon d'un degré d'une affiftance d'u-ne perfonne à un Contrat de mariage d'un autre?

On abandonne cette preuve à elle même & à la réflexion de ceux qui la liront.

Theodore de Beze n'affifta point comme parent au Contrat dont il eft parlé. *V. ce qui eft dit plus*

meux

meux Theodore de Beze *affifta* *comme parent de ladite* Bartholo-mine de Clugny (ibid. p. 4.) haut p. 56. & 57. ainfi quand le raifonnement feroit bon , la preuve ne le feroit pas.

La Cour obfervera, s'il lui plaît, fur ce degré prétendu de defcendance, que Mr. le Confeiller de Cluny n'a pas eu garde de produire aucun titre qui ait été fait du tems de ce *Jean de Cluny*, qui eft fon feptiéme Ayeul, parce qu'il auroit fait voir qu'il ne fe qualifioit pas autrement que de *Jean bâtard de Clugny*, dans tous les actes qu'il a paffés. Comment pourroit-il donc *établir la liaifon de ce degré*, tandis qu'il ne produira aucun Titre qui marque quel étoit l'état de celui qui la fait ?

Aprés avoir employé le raifonnement contre les preuves erronées du Deffendeur, il faut faire voir actuellement , par Titres autentiques , dont la foi ne peut être fufpecte, quel eft celui qui a fait véritablement le premier degré de fa Généalogie. L'acte qui fuit va nous en inftruire.

Extrait d'une Tranfaction paffée pardevant Notaire entre les Habitans de la Ville d'Avallon d'une part , & Jean Bâtard de Clugny d'autre part.

Au Nom de nôtre Seigneur *Amen.* L'an de l'Incarnation d'icelui courant 1455. le 18ᵉ jour du mois de Decembre, nous parties cy-aprés écrites, c'eft à fçavoir nous *Pierre de Praelles* d'Avallon Lieutenant aud. lieu de Mr. le Baillif d'Auxois, *Jean le Prince* Châtelain dud. Avallon..... Tous Manans & Habitans de lad. Ville , prenans en main , & nous faifans forts pour tous les autres Habitans de lad. Ville d'Avallon abfens pour nous d'une part , & *Jean Bâtard de Clugny* (c) demeurant aud. Avallon pour moi d'autre part .... confentons & accordons entre nous enfemble les traités & accords & autres chofes dont ci-aprés mention , touchant certaine *Vis & Allée* que nous lefd. Habitans avons & difons avoir & à nous competer & apartenir entre la place & maifure que fut *Jean de Montre-court* apartenant de prefent aud. *Jean de Clugny*, & la Maifon de Germain Dumont Charpentier demeurant aud. Avallon & premiérement a été traité & accordé entre nous lefd. parties que lad. Allée fera & demeurera en héritage perpetuel à moi led. *Jean de Clu-gny* pour moi & mes hoirs perpetuellement pour en icelle édifier & maifonner ainfi que bon me femblera fauf & referve aufd. Habitans... le gros de la place

Cotte V.
18. Dec. 1455.

(c)JEAN BA-TARD DE CLUGNY. C'eft-là le premier degré de la famille de Mr. le Conf. de Cluny.

„ où fera faite *lad. Vis.* Laquelle *Vis* fe prendra en lad.
„ place ce que prendre fe pourra, & le furplus d'icelle
„ *Vis* fe prendra fur lad. place apartenant à moi led.
„ *Jean de Clugny* jufqu'à trois pieds & demi. Laquelle
„ *Vis* fe fera . . . . aux dépens de lad. Ville pour entrer
„ & iffir tant *en la tour* commencée à faire fur la por-
„ te *de la Boucherie* comme en l'Hôtel de moi led.
„ *Jean de Clugny* lequel j'ai intention de faire en la
„ place des fufdits, & pour entrer en mon Hôtel feront
„ faits trois Huiffiers de porte de Taille en *lad. Vis* là
„ où il apartient & fera *lad. Vis* commune entre les Ha-
„ bitans & moi led. *de Clugny* c'eft à fçavoir les Huif-
„ fiers fuivans à *lad. Tour* pour nous lefd. Habitans &
„ nos Sucefleurs Habitans de lad. Ville & les Huiffiers
„ fuivant aud. Hôtel de moi led. *Jean de Clugny* pour
„ moi & pour mes Héritiers perpetuellement & la pre-
„ miére Huiffiere Baffe de *lad. Vis* pour entrer en icelle
„ fera & demeurera commune à toûjours, mais fans aucun
„ contredit à nous lefd. parties pour huir à lad. Tour & à
„ lad. Maifon de moi led. *de Clugny.* Et en outre nous lefd.
„ Habitans fommes & feront tenus a toûjours mais per-
„ petuellement foûtenir & maintenir *lad. Vis* en toutes
„ réparations tant de couverture comme autres répara-
„ tions néceffaires à icelle à nos frais, miffions & dé-
„ pens moyennant & parmi la fomme de trente livres
„ Tournois monnoye prefent courant pour une fois que
„ je led. *Jean de Clugny* ai payée, baillée & délivrée aufd.
„ Habitans pour les frais & miffion qui leur convien-
„ dra faire pour la façon & édifice de *lad. Vis* & pour
„ le foûtenement d'icelle dont lefd. Habitans demeurent
„ chargés comme dit eft, &c. . . . . . *Signé en l'original*
„ S E R P E R E A U. Notaire.
    Collationné à l'Original par moi Notaire & Tabellion Royal,
fouffigné fans augmentation ni diminution ce 19e· Avril 1659.
Signé, B E T H E R Y Notaire.

    Cette tranfaction prouve l'éxiftence de *Jean Bâtard de Cluny*
d'une maniére bien fenfible, & à lever les doutes des plus in-
crédules : elle authorife la tradition qui s'eft confervée à Avallon de pere en fils jufques à prefent fur cette éxiftence, & fur la
defcendance des de Cluny d'Avallon de ce premier Auteur.
    Le Deffendeur qui a fenti que l'argument que l'on tiroit de
cette piéce contre lui, étoit preffant, a tâché de l'éluder en di-
fant, que les Sieurs de la Maifon de Clugny, *n'avoient pas produits*

VII

cette piéce en original, mais seulement par copie collationnée, ce qui ne suffit pas, dit-il, (d) suivant le sentiment des Auteurs, & suivant un Arrêt de reglement du 17. Août 1689.

(d) Dans son Invent. imp. p. 45. & 46.

Rep: Il est vray qu'une copie collationnée, dans une infinité de cas, ne porte pas le même carractére pour faire foy en justice que si l'on aportoit l'original; soûtenir la proposition contraire, ce seroit soûtenir une maxime dangereuse & sujette à une infinité d'inconveniens: mais en convenant des réglés & du principe tout certain qu'il est, il faut convenir aussi qu'il est des cas ou les copies collationnées servent de preuve de même que les Criginaux. On ne s'étendra pas beaucoup sur cette seconde régle, parce qu'elle n'est pas moins certaine que la première.

C'est le sentiment de *Domat* dans son traitté des loix civiles *liv. 3. section 2e. som. 1r. n. XI.* ou il s'explique en ces termes: *si l'original d'un acte est perdu, comme s'il est péri par une incendie, ou autre accident, on peut en ce cas prouver la teneur de l'acte ou par des copies collationnées, ou par d'autres preuves; ainsi par exemple une obligation se trouvant comprise dans l'inventaire des biens d'un Deffunt le Tuteur de l'Héritier mineur pourroit se servir de cet inventaire pour prouver la verité de cette obligation si elle étoit périe par quelque accident.*

Comme cet Auteur ne fait que d'expliquer & de commenter la loi, dans son ouvrage, il apuye les termes que l'on vient de transcrire, de l'autorité de la loi 57. au dig. de admit. & per tut. *Chirographis debitorum incendio exustis*, dit cette loi, *cum ex inventario tutores convenire eos possent ad solvendam pecuniam, &c.* Il seroit inutil de dire ici que l'on n'est pas dans le cas d'un Tuteur, ni d'un Héritier mineur. La loi s'explique d'un cas à un autre, & il ne faudroit avoir aucune intelligence des régles, pour soûtenir le contraire; c'est un éxemple que la loi donne dans la personne d'un mineur qui s'étend à tous les autres cas semblables; or pour faire l'aplication de ceci, si l'on peut se servir d'un inventaire dans lequel seroit comprise une obligation d'un Débiteur, pour remplacer & tenir lieu de cette obligation qui seroit perduë, les Sieurs de la Maison de Clugny sont dans un cas bien plus favorable que celui que le Jurisconsulte a aporté pour éxemple. On s'explique.

Les Sieurs de la Maison de Clugny ont fortifié cette copie collationnée par l'inventaire même où l'original de cette copie est rapellé, n'ayant pû trouver dans les Archives de l'Hôtel de Ville d'Avalon l'original de la transaction que l'on vient de voir; parce que cet original a été probablement soustrait par les Auteurs de Mr. le Conseiller de Cluny, les Demandeurs ont eu le bonheur de trouver l'inventaire des Titres & Papiers des Archives de l'Hôtel de Ville d'Avalon, dans lequel l'original de cette transaction (sur lequel la copie qu'on a produite, a été collationnée) se trouve trés-éxactement raporté suivant sa date, les personnes qui l'ont passé, la substance qu'il contient, le Notaire qui la reçû; que faut il de plus pour asseûrer la foi que l'on doit à cette piéce, & pour écarter tous les soupçons qui pourroient naître à cet égard. Voici la copie d'un article de cet inventaire, suivant qu'il a été collationné, Partie apellée dans les Archives de l'Hôtel de Ville d'Avalon, & fuivant qu'il a été produit fous la cotte V. V. du 4ᵉ Sac des Sieurs de la Maifon de Clugny.

Cotte V.V.   Extrait de l'Inventaire des Titres & Papiers qui ont
  " été trouvés à la Chambre de Ville d'Avalon, aprés dûes
  " perquifitions faites par Me. *Pierre de Clugny* Confeil-
  " ler du Roi, & Lieutenant Criminel au Balliage d'A-
  " valon, *Robert le Foult* le jeune, Seigneur de Vaffy
  " Confeiller au Bailliage & prévôté, *Pierre Beffon* Pro-
  " cureur, *Simon Pirot* Bourgeois, Echevins de lad. Ville,
  " & *René Minard* Procureur Sindic, avec Maître *Jean*
  " *Thomas* Notaire Royal, Secretaire de lad. Ville commen-
  " cé le 15. Fevrier 1617.
  "   A la diée du 23e jour defd. mois & an au feüillet
  " 33. *versò* eft écrit ce qui fuit.
  "   *Item* une tranfaction paffée entre les Echevins de la
  " Ville d'Avalon d'une part & *Jean Bâtard de Clugny,*
  " demeurant aud. Avalon paffée pardevant Serpereau No-
  " taire Royal le 18e jour du mois de Decembre l'an
  " 1455. concernant *la conftruction de la Vis de la Tour*
  " de l'horloge aud. Avalon mife aud. Crochet cotée qua-
  " tre vingt-fix.
  " . L'expédition dud. inventaire eft fignée à la fin,
  " *Thomas* Secretaire qui a fait mention que l'original &
  " minute eft figneé defd. Srs. Echevins & Sindics.
  "
  "   *L'Extrait ci-deffus a été tiré mot pour mot dud. In-*
  " *ventaire par moi Secretaire Greffier fouffigné en con-*
  " *fequence de la déliberation des Maire, Echevins de la*
  " *Ville d'Avalon du 26. Août 1718. & du Procés ver-*
  " *bal de compulfoire du même jour 26. Août 1718.*
  " *Signé*, P I C H E N O T *Secretaire.*

   Après la lecture de cet extrait, il n'eft plus permis de douter que la copie de la tranfaction de 1455. dont il s'agit, n'ait
été collationnée fur l'original même, reçû *Serpereau* Notaire.
L'éxiftence de cet original eft rapellée dans l'inventaire des Titres & Papiers qui furent inventoriés le 15. de Fevrier 1617.
cet inventaire en parlant de lad. tranfaction raporte en fubftance ce qu'elle contient, quand, comment, avec qui, & pourquoi elle fut faite, & par quel Notaire elle fut reçûë; tout cela fe trouve conforme à la copie collationnée par le Notaire
Bethery qu'on a produite: en faut-il davantage pour en affûrer
la foi & l'autorité ?

                  Le

Le Deffendeur s'eſt récrié contre la tranſaction de 1455. en diſant que le Procureur des Sieurs de la Maiſon de Clugny n'avoit pas dû la produire, ni le Greffier la recevoir dans ſa production, parce qu'elle n'avoit pas été collationnée, Partie preſente ou dûment apellée.

Mais comment pouvoit-on avoir une copie collationnée de cette tranſaction? il y a 64. ans que la collation eſt faite & il n'y a que cinq ans que le procés dont il s'agit a été commencé. On ne pouvoit donc pas la collationner partie preſente, ou dûment apellée.

Le Deffendeur a produit, comme on l'a obſervé, des broüillons qu'il dit avoir été écrits de la main de Palliot ſur les originaux, pour tirer la conſequence qu'il eſt iſſù de *Jean de Clugny Garde des Sceaux*, Seigneur d'Alonne; il a prétendu que l'on devoit ajoûter foi à ces broüillons comme à des minutes authentiques, & il ſoûtient actuellement en parlant de la Tranſaction, dont il s'agit, qu'on ne doit y avoir aucun égard; eſt ce-là tenir un procédé ſur lequel on puiſſe s'aſſûrer? Il veut tirer avantage contre ſes Adverſaires de mauvais lambeaux de papier qui viennent, à ce qu'il dit, de Palliot, qui ſont ſans datte, ſans ſignature, ſans aprobation, ſans ſuite, ſans ordre, ſans liaiſon, & il ne peut ſouffrir que ſes Adverſaires tirent leur avantage contre lui d'une copie collationnée par un Notaire ſur un original qui s'eſt trouvé dans des Archives publics. Il blâme dans ſes Adverſaires une conduite réguliére; il leur opoſe des régles & des maximes qui portent à faux, parce qu'elles ne ſont pas dans le cas d'une juſte aplication; il eſt lui-même dans le cas de ſe les apliquer, & pour lors il méconnoît les régles, parce qu'elles ſont contre lui. Vit-on jamais un procédé ſi bizarre?

Telle eſt la ſolidité de ſes écrits, faux dans les faits, outré dans ſes expreſſions, opoſé dans ſes raiſonnemens, &c. Il voudroit établir un droit nouveau pour lui ſeul, & c'eſt avec de telles armes qu'il chante victoire.

Mais ce n'eſt pas de l'opoſition de ſon langage, & ſur une conduite ſi extraordinaire que les Sieurs de la Maiſon de Clugny prétendent fonder leur preuve. Tenir la même route que le Deffendeur, ce ſeroit s'égarer avec lui. La copie collationnée de la tranſaction de 1455. ſe trouvant dans les termes que l'on a obſervé, eſt un acte digne de foi, s'il en fut jamais. Mais à ſupoſer, pour un moment, que cette collation ſouffrît quelque doute, comment le Deffendeur ſe tireroit-il d'affaire à la vûë de l'extrait de l'Inventaire que l'on vient de tranſcrire? quand les Sieurs de la Maiſon de Clugny n'auroient que cette ſeule piéce, elle eſt une preuve accablante contre lui.

L'exiſtence de *Jean Bâtard de Clugny* y eſt démontrée, l'époque du tems qu'il vivoit auſſi, & la maiſon qu'il a poſſédée prés la Tour de l'Horloge d'Avalon y eſt rapellée; & ce n'eſt préciſément que de ces circonſtances dont l'on a beſoin, pour établir qu'il deſcend de ce Bâtard.

Le Deffendeur a combattu dans ſes écrits imprimés la copie collationnée de 1455 qu'on lui avoit fait ſignifier dans le commencement du procés; mais d'où vient n'a-t'il dit mot de l'extrait de l'inventaire que l'on vient de voir qui lui a été pareillement fignifié ? *verba nimis arɛɫa.* C'eſt qu'il a préféré le brillant au ſolide, il a voulu plaire pour un tems. Comme ces filles fardées, qui au reſte ne trouvent jamais bien leur compte, quand on les examine de prés.

Ces obſervations ainſi faites, il faut donc tenir pour certain que l'éxiſtence de *Jean Bâtard de Cluny*, eſt parfaitement prouvée par les deux actes que l'on vient de voir ; il reſte à prouver actuellement que c'eſt là la ſouche qui a produit la famille des *de Cluny* qui ont réſidés à Avalon & d'où eſt iſſus le Deffendeur.

Il eſt en Juſtice une infinité de voyes pour parvenir à acquérir la connoiſſance de la verité. Dans les faits, par éxemple, il n'eſt pas toûjours néceſſaire, pour en remplir la preuve, qu'ils ſoient fondés par écrit d'une maniére circonſtanciée dans tous leurs points ; il arrive même trés-ſouvent qu'un fait ſe prouve par un autre, & de cet autre l'on tire quelquefois des conſéquences ſi néceſſaires, pour prouver la vérité du premier, qu'elles tiennent plus de la démonſtration que de la preuve : *indiciis ad probationem indubitatis, & luce clarioribus* L. ult. de probat. Ainſi dans le jugement de Salomon entre les deux femmes qui diſputoient ſur le fait incertain de la naiſſance de l'Enfant qu'il ſe fit répreſenter, il n'y eu d'abord aucune preuve pour juger avec connoiſſance de cauſe à qui apartenoit l'Enfant ; mais dans la ſuite il y eut des indices auſſi certains pour diſtinguer la véritable mere, que ſi le fait avoit été acquis par l'acte le plus ſolemnel & le plus autentique. Ces indices furent comme on le ſçait, la tendreſſe qui parut dans la véritable mere, & l'inſenſibilité qui parut dans celle qui ne l'étoit pas.

Dans la preuve de deſcendance, que l'on va faire ici, il y a non ſeulement des indices ; mais des faits ſoûtenus par des circonſtances qui frapent ſi fort que pour peu que l'on veüille y faire attention, on ſe rendra aiſément à la vérité.

I.

Les efforts qu'a fait Mr. le Conſeiller de Cluny pour donner un pere legitime à *Jean Bâtard de Cluny* en voulant faire entendre qu'il deſcendoit par un legitime Mariage de *Jean de Clugny* Garde des Sçeaux, la pierre d'achopement qu'il a trouvée en ſon chemin, & le peu de ſuccés qu'il a eu dans cette deſcendance ſupoſéé, font voir que c'eſt véritablement à ce *Jean Bâtard de Cluny* qu'il faut fixer le premier degré de ſa deſcendance, puiſqu'il n'y a pas eu moyen de la rémonter plus haut.

II.

Dans la premiére Généalogie que Mr. le Conſeiller de Cluny donna au commencement du procés, de ſa famille, il s'arrêta à *Jean de Cluny* ſon 7e ayeul ; & convint que malgré toutes ſes recherches, il n'avoit pû aller plus loin. Or on lui ſoûtient que ce *Jean de Cluny* eſt le même que celui dont on a prouvé l'exiſtence par les deux actes précédens qui eſt qualifié *Jean Bâtard de Cluny.* S'il veut ſoûtenir le contraire c'eſt à lui à en aporter des preuves par d'autres actes qui détruiſent ce que l'on avance ; autrement il ſubſiſtera dans ſon entier ; c'eſt à lui à faire valoir en pareil cas ſes Papiers domeſtiques, en juſtifiant que *Jean de Cluny* fon 7ᵉ· ayeul étoit un fils légitime. Qu'il raporte quelques actes en forme paffés avec lui; & de fon vivant qui détruifent les deux actes dont on a donné copie; cette preuve dépend de lui, & non des Sieurs de la Maifon de Clugny qui ne font pas les Maîtres de fes Titres.

III.

La manœuvre qu'a pratiquée le Deffendeur pour arrêter le progrés du Compulfoire que les Sieurs de la Maifon de Clugny a-voient obtenus contre le Chapitre d'Avalon, tous les refforts qu'il a fait mouvoir dans cet incident, tous les faux-fuyans de la chicanne la plus rafinée qu'il a fuivi; les apellations, opofitions, évocation, Requête Civile, &c. qui rendent une procédure monftrueufe; tout cela a été mis en ufage de fa part fous le nom du Chapitre d'Avalon : à quelle fin? & pourquoi? la raifon en eft évidente; c'eft que Mr. le Confeiller de Cluny fçait parfaitement que l'on auroit découvert dans les Archives de ce Chapitre les preuves de bâtardife & de defcendance qu'il a tant d'interêt de tenir cachées; car enfin à quoi tendoient tous les mouvemens qu'il eft notoire qu'il s'eft donné, les frais immenfes que coûte cet incident depuis 5. ans qu'il dure, & qui eft actuellement au Confeil Privé du Roi? s'il n'avoit rien eu à apréhender de l'effet du Compulfoire, n'auroit-ce pas été une infigne folie de s'y opofer avec tant de peine & tant de rifque? cette obfervation paroîtra d'un grand poid, fi la Cour veut bien fe rapeller tout ce qui s'eft paffé à ce fujet.

IV.

Tant de chofes concourrent à faire voir que le feptiéme Ayeul de Mr. le Confeiller de Cluny nommé *Jean*, eft *Jean Bâtard de Cluny*, dont on a prouvé l'exiftence par les deux Titres précédents, qu'il eft impoffible de s'y méprendre. Le Deffendeur en veut faire deux perfonnes différentes, mais en vain; car, où l'on ne trouve point de différence évidente, il ne faut point en y mettre : or ici il n'y en a abfolument point. L'on trouve au contraire même nom, même furnom, même demeure, même époque, &c. (Nous fommes d'accord entre nous fur ce point.) Donc toutes ces chofes qui tendent au même ne font qu'un feul & même fujet, & non deux perfonnes différentes, comme le prétend le Deffendeur : donc *Jean* qu'il convient être fon 7ᵉ Ayeul, eft celui que nous difons *Bâtard de Cluny*, qui fe nommoit *Jean*, qui fe furnommoit *Bâtard de Cluny*, qui vivoit dans le quinziéme fiécle, qui demeuroit à Avalon, &c. Si le Deffendeur veut foûtenir actuellement qu'il y a une différence à faire, c'eft à lui à s'expliquer & à faire voir en quoi elle confifte; fans cela tout parle & tout s'explique contre lui.

V.

Outre la conformité de nom, d'état, le lieu de la demeure, le tems de la naiffance que l'on met quelque fois en ufage pour prouver les dégrés de defcendance, il eft un figne plus fort, qui eft la poffeffion des maifons ou héritages qui ont été dans une Famille. Pour prouver, par éxemple, que de deux perfonnes qui ont porté le même nom, & qui étoient de la même condition, l'un defcend de l'autre, il n'eft pas abfolument néceffaire de juftifier par écrit que l'un eft dit pere de l'autre; fi cela étoit l'on auroit arrêté tout court trois ou quatre fois Mr. le Confeiller de Cluny dans la Généalogie qu'il a donnée de fa Famille; mais il fuffit en certains cas (qui ne feroient point contredits par Titres) de pofer en fait que l'un poffédoit la même Maifon que l'autre, pour en tirer la conféquence : donc ils defcendent l'un de l'autre. Or cela fe trouve ici, car il paroît par les deux extraits précédents que *Jean Bâtard de Cluny* a poffédé une maifon fcife prés la Tour (qui eft la Tour de l'Horloge) d'Avalon; maifon que fes defcendans, ancêtres de Mr. le Conf. de Cluny, ont poffédée auffi, comme on le verra dans la fuite, quand on en fera au dégré de *Pierre fecond* arriére petit fils dudit *Jean Bâtard*, lequel *Pierre fecond* étoit le quatriéme Ayeul du Deffendeur; donc, &c.

VI.

On l'a déja dit : la traditive en matiere de defcendance eft d'un grand poid; la plus grande partie de ce que nous fçavons de plus certain en fait, nous ne le fçavons que par cette voie. (on ne doit pas même en excepter la certitude infaillible de nôtre Religion, & la diftinction que l'on doit faire des Livres infpirés par l'Efprit Saint de ceux qui ne le font pas.) Combien y a-t-il de chofes, en effet, dont nous ne fçavons la vérité que parce que nous les avons oüis dire? il y a une Ville, par éxemple, qu'on apelle Rome. Combien de gens le croient fans y avoir été, fans l'avoir vûë, feulement, parce qu'ils ont toûjours oüis dire qu'il y avoit au monde une célébre Ville de ce nom? or, pour tirer une induction d'une chofe à une autre, nous fçavons par traditive que les *de Cluny d'Avalon*, qui font les ancêtres du Deffendeur, defcendent tous de *Jean Bâtard de Cluny*. C'eft une chofe connuë & aprife par le récit qui en a été fait de tout tems de pere en fils; c'eft un fait que perfonne n'ignore dans la Ville d'Avalon, pas même la plus petite femmelette, pas même les enfans. La Maifon, dont on a parlé au corolaire précédent, qu'avoit poffédée *Jean Bâtard de Cluny*, fcife prés la Tour de l'Horloge, eft encore apeliée de nos jours, par un proverbe du Pays, *la Maifon des de Cluny*. La Lettre qu'écrivit l'Avocat Me. *Guillaume* il y a quelques années, à l'un des fils du Deffendeur, n'étoit fondée que fur la traditive; toute la Ville de Dijon eft inftruite du contenu de cette Lettre, comme la Ville d'Avalon l'étoit de la vérité de ce qu'elle contenoit, car elle ne fut écrite que fur les Mémoires que les Habitans de cette Ville en avoient donné audit Me. *Guillaume*. Comment ces Habitans étoient-ils inftruits qu'il y avoit eu en leur Ville un *Jean Bâtard de Cluny*, dont le Deffendeur defcend, fi ce n'eft par la traditive? que l'on interroge encore actuellement les grands & les petits de cette Ville, ils tiendront tous le même langage? Dira-t'on que la tradition eft fauffe? il faudroit avoir perdu le fens pour s'imaginer que tous ceux qui ont tenu ce langage, par fucceffion de tems l'ont tenu, parce qu'ils aimoient mieux dire le menfonge que la vérité? il n'eft pas néceffaire de pouffer cela plus loin, on l'affoibliroit plûtôt par le détail qu'on ne le feroit comprendre à qui ne le fent pas d'abord.

Ces

Ces obfervations accumulées l'une avec l'autre font un corps de preuve qui démontre la vérité, & qui détruit tout le faux fiftéme de la *Généalogie* du Deffendeur.

Il réfulte de là que le Deffendeur a eu grand tort de fe plain-dre & de prefenter Requête à la Cour, comme il a fait au mois de Décembre 1720, où il a conclu à une réparation & à 10000 livres de dommages & intérêts, de ce que les Sieurs de la Maifon de Clugny ont avancé au commencement du pro-cés qu'il tiroit fon origine de *Jean Bâtard de Cluny*; tant par-ce que ce fait étoit néceffaire à dire pour l'inftruction du pro-cés, que parce que lorfqu'ils l'ont avancé, ils étoient fondés fur des preuves certaines, comme on vient de l'établir.

C'eft donc là le premier degré de la Famille de Mr. le Conf. de Cluny, & non le fecond, comme il l'a fupofé, puifque *Jean Bâtard de Cluny* n'étoit d'aucune Famille. Venons à un autre degré qu'il apelle le troifiéme, & qui n'eft que le fecond.

TROISIEME DEGRE'.	CONTREDITS
Pierre de Clugny 1ᵉ *du nom.* Marié à *Margueritte Obbé.*	Sur ce degré, qui n'eft pas le troifiéme, mais le fe-cond.

I.

Pour établir ce troifiéme de-gré, Monfieur de Clugny fait un nouvel emploi du Contrat de mariage de Marie de Clugny, *fille de* Jean de Clugny *fecond, & de* Philipée de la Boutiere, *en datte du 3 Août* 1478.

Ce Contrat porte que ladite Marie de Clugny *eft affiftée & autorifée par ladite* de la Bou-tiere *fa mere, & par* Pierre de Clugny *fon frere.* (Ibid. p. 5.) roit trouvé la maifon fcife prés poffédée *Jean Bâtard de Cluny* le myftére.

I.

Voilà un Contrat de maria-ge employé en bien des *fauffes*; le Deffendeur s'en eft fervi pour établir fon premier, fon fecond & fon troifiéme degré. N'eft-ce pas là ce qu'on apelle tirer la quinte-effence d'un Titre?

Pour prouver le degré de *Pier-re*, il étoit bien plus naturel de juftifier de fon Contrat de ma-riage que de celui de *Marie* fa fœur; mais le Deffendeur n'a-voit garde de le faire; on y au-roit trouvé la maifon fcife prés la Tour de l'Horloge qu'avoit fon pere, & cela auroit gâté le myftére.

II.

Pour juftifier que Pierre de Clugny *premier avoit époufé* Margueritte Obbé, *Mr. de Clu-gny employe l'acte de tutelle dé-cerné aux enfans mineurs délaif-fés par ledit* Pierre de Clugny *premier pardevant le Lieutenant au Bailliage d'Avalon le 22 Avril* 1488. *Ladite* Margueritte Obbé *fut décernée tutrice aux quatre enfans mineurs à elle delaiffés par ledit* Pierre de Clugny *pre-*

II.

Cet acte de Tutelle dont il eft parlé, fait mention de quatre en-fans que *Pierre* eut de *Margue-ritte Obbé*, fuivant qu'ils vien-nent d'être nommés; cela eft vrai. Mais on fe reffouvient d'a-voir lû dans cet acte qu'il fait mention auffi d'un pofthume; d'où vient que le Deffendeur, encore un coup, paffe fous fi-lence ce pofthume, & qu'il n'en dit mot? fes mefures font prifes

D

mier, *qui étoient* Jean, Etienne, Bartholomine, & Huguette de Clugny, & Antoine de Vezon, *pour un des curateurs, qui est le même que celui qui avoit assisté au Contrat de mariage de* Marie de Clugny *du 3 Août 1478, comme parent, ce qui fortifie la liaison des degrés.* (Ibid. p. 5.)

descendance à la p. 13 & 14 *des le Conseiller de Cluny, signifiées* une observation en fait très-essencielle, qui est que dans cet acte de tutelle, il est fait mention de plusieurs parens qui y assisterent, mais tous du côté maternel ; il n'y en a pas un seul du nom de Clugny. Ce qui prouve que *Pierre de Cluny* étoit un homme tout nouveau qui ne connoissoit point de grand pere, & qui venoit d'une source où l'on n'y connoissoit point ce que c'étoit queparenté. Ce *Pierre* étoit comme *Jean Bâtard de Cluny* son pere, un Roturier. *V. l'endroit que l'on vient de citer,* p. 13 & 14.

de longue main. C'est que ce posthume qui fut nommé *Charles* a fait la branche du *faux Cluny Vallevron,* qui fut condamné par Arrêt de ce Parlement de 1658, à quitter les Armes de la Maison de Clugny qu'il avoit usurpées. On démontrera cela dans son tems. *V. ce que l'on a dit sur ce degré de réflexions sur la Requête de Mr.* le 21 Juin 1720, où l'on a fait

I I I.

La Cour est ici supliée d'observer que la Famille de Vezon *étoit considérable en ce tems-là, & que* Joseph de Vezon *étoit pour lors Conseiller au Parlement, comme on le voit dans le Parlement de Palliot,* p. 241. (Ibid. p. 5.)

III.

La Cour est ici supliée d'observer que le Deffendeur fait tout ce qu'il peut pour sortir de la roture, & pour mettre quelques distinctions dans sa Famille ; *Antoine de Vezon,* a-t'il dit plus haut, Curateur aux enfans de *Pierre de Cluny,* étoit leur parent, d'où il tire la conséquence, que *Joseph de Vezon pour lors Conseiller au Parlement,* dit-il, étoit aussi leur parent ; mais il se trompe étrangement ; car Joseph de Vezon ne fut Conseiller au Parlement que cent ans après cet acte de tutelle. Il fut reçu en 1581, comme l'atteste Palliot dans l'endroit cité, au lieu que l'acte de tutelle est de 1488. Ce n'étoit donc pas *pour lors,* comme le dit le Deffendeur, mais cent ans après, ce qui n'est pas une petite différence ; tant il est vrai qu'il est bon de le suivre de prés.

QUATRIEME DEGRE'.
Jean de Clugny 3e. du nom.
Marié à
Françoise Piget.

Pour prouver ce degré, Mr. de Clugny *fait un nouvel emploi de l'acte de tutelle & curatelle décernée au Bailliage d'Avalon le 22 Avril* 1488 *aux enfans mineurs de* Pierre de Clugny *pre-*

CONTREDITS
Sur ce degré qui n'est pas
le quatriéme , mais le
troisiéme.

La Cour est ici supliée d'observer que voilà une maniére de prouver des degrés bien nouvelle & bien extraordinaire. L'on a vû plus haut, que pour prouver le degré de Jean (que

mier du nom & de Margueritte *fa femme, parmi lefquels ledit* Jean de Cluny, *eft nommé le premier ; ledit acte de tutele raporté au premier Inventaire, Cotté 12, & du Contrat de mariage de* Bartholomine de Clugny *fille defdits* Pierre de Clugny *&* Margueritte Obbé, *avec* Adrien de Montagu, *en datte du 20* Juillet 1511, *dans lequel il eft dit que ladite* Bartholomine de Clugny *eft authorifée de* Jean de Clugny *fon frere, qui eft le troifiéme du nom, ledit Contrat contenu au premier Inventaire, cotté* 13. (Ibid. p. 6.)

nous difons *Bâtard de Cluny* marié avec *Philipée de la Boutiere*.) le Deffendeur n'a produit aucun acte qui fut paffé avec lui ni aucun Titre qui le concernât en particulier, parce qu'il auroit fait voir qu'il ne prenoit point d'autres qualités dans tous les actes qu'il paffoit, que de *Jean Bâtard de Cluny*, & l'on voit actuellement qu'il tient le même procédé fur le degré de *Jean* marié avec *Françoife Piget*; car il ne juftifie d'aucun Acte paffé avec lui : il aporte le Contrat de mariage de *Bartholomine* pour prouver le degré de *Jean*. Mais ce n'eft pas de *Bartholomine* dont il s'agit ici, c'eft de *Jean*, pour fçavoir quel fut fon état, fa Profeffion, quels étoient fes biens, comment s'apelloit fa femme au vrai, &c. le Deffendeur nous laiffe fur ce degré dans une perpléxité étrange. L'on fent bien qu'il a des raifons preffantes pour tenir la vérité cachée; mais la tenant ainfi dans les ténébres il découvre fa foibleffe : car, puifqu'il a commencé le premier à faire fa Généalogie, il devoit du moins la faire felon les régles, ou ne s'en pas mêler. Quelles font les régles en pareille matiére ? c'eft qu'outre les preuves d'exiftence & de defcendance, il faut juftifier de l'état, de la condition, des biens qui ont été poffédés, dans chaque degré. Nous voilà fuivant la fauffe Généalogie de Mr. le Confeiller de Cluny à fon quatriéme degré prétendu, & nous n'avons vû jufqu'à prefent, ni Contrat de mariage de ces quatre degrés, ni teftamens, ni partages qui pourroient nous inftruire du véritable état de fes ancêtres, & nous aprendre s'il n'eft pas vrai que la maifon fcife prés la Tour de l'Horloge qui a apartenu à *Jean Bâtard de Cluny* a été tranfmife par fucceffion à fes héritiers de pere en fils, jufqu'à *Pierre fecond* fon quatriéme Ayeul. Tandis qu'il ne s'expliquera qu'à demi, il ne nous fera pas augurer que ce qu'il tient caché eft à fon avantage.

Pour lever le doute où Mr. le Confeiller de Cluny nous a laiffé fur la condition dud. *Jean*, il eft à propos de dire ici ce que l'on en a apris par la voye du compulfoire que le Chapitre d'Avalon a commencé d'exécuter.

Led. *Jean* a été Receveur du Chapitre d'Avalon aux gages annuels de cent livres, depuis 1530. jufques en 1547. en voici la preuve tirée mot pour mot des Archives dud. Chapitre.

Autres Extraits des comptes 5e & 22e rendus par *Jean de Clugny Receveur* de Meffieurs du Chapitre d'Avalon ; le 1er comme il apert, mis en audition par honorable homme *Jean de Clugny Receveur* de

» V. le Procés verbal du 31. Août 1718. fous la cotte Z. Z. de la production des Demandeurs.

„ Mrs. les venerables Doyen, Chapitre, de l'Eglife colle-
„ gialle Nôtre-Dame St. Lazarre d'Avalon. Le pénultié-
„ me de May l'an 1530.

„ Et au feüillet 20e verſò eſt écrit : aud. Receveur
„ pour ſes gages ordinaires pour l'an de ce preſent
„ compte cent livres, ci - - - - - - - - - - C. liv.

„ Led. Compte Signé, B O U G A R R E, &c. Clos le die
„ tertiâ Junii anno Domini 1530.

„ Et le ſecond en datte du 23e. jour de May de
„ l'an 1547. mis en audition par Jean de Clugny Rece-
„ veur 7. & au feüillet 14. 20. 13. eſt écrit: au Rece-
„ veur de Meſſieurs pour ſes gages ordinaires la ſomme
„ de cent livres tournois, ci - - - - - - - - - C. liv.

Le Deffendeur à qui l'on a fait ſignifier ces extraits de compte
rendus au Chapitre par ſon 5e. ayeul, n'a pû déſlors diſconvenir
du fait ; mais il a dit pour ſe tirer d'affaire, *qu'on ne donnoit*
autrefois cet employ qu'à des perſonnes de conſideration (e) la preuve
qu'il en a aporté, c'eſt que, dit-il, *des Princes ſouverains portoient*
ſur leurs épaules les Evêques de leurs Villes lorſqu'ils alloient
prendre poſſeſſion de leurs Evêchés ; des Gentilshommes ſervoient de
Bedaux, les Rois même portoient les Reliques au proceſſions, &c.
(f)

e Dans ſa rep.
imp. p. 21.

f Ibid.

Voilà un petit Receveur bien honoré, puiſque pour rélever
l'éclat & la grandeur de ſon état, on lui compare non ſeulement des Gentilshommes, mais des Princes Souverains, mais
des Rois. Il faut être extrêmément vain, & croire tout à la
fois le Public de la derniére imbecilité pour lui débiter des cho-
ſes de cette nature.

Sans entrer ici dans le détail des tems & des circonſtances parti-
culiéres, qui accompagnoient certains actes de Religion, prati-
qués par les Rois, & les Princes Souverains, dans les premiers
ſiécles, qui vit jamais comparer des actes d'humilité & de religion
à l'état d'un Receveur à gage d'un Chapitre, qui ne fut jamais à
le bien prendre qu'un employ vil & domeſtique ? Paſſons rapidement là-deſſus pour ne pas enlever au dernier des Lecteurs le
plaiſir de rélever lui-même le ridicule d'une telle comparaiſon.

C'eſt ce Receveur à ce que prétend le Deffendeur qui fonda
en 1530. une Chapelle dans l'Eglife de Saint Pierre à Avalon
ſur le Retable de laquelle, dit-il, il fit poſer ſes armes (qui ſont
les mêmes, dit-il, que celles de la Maiſon de Clugny.)

Quand on n'auroit d'autres raiſons à apoſer au Deffendeur ſur
cet article que de lui dire, qu'il ne convenoit nullement à ce
Receveur qui étoit Roturier, & d'un bas état, de porter
des Armoiries, & ſurtoût des Armoiries de diſtinction, comme
celles de la Maiſon de Clugny (g) il n'en faudroit pas davantage pour faire voir que ce n'eſt pas lui qui a fait conſtruire l'Autel de Saint Jean, que le Deffendeur nomme pour lui faire honneur, une Chapelle,

g Preuve v. ce qui
eſt dit plus bas ſur
la queſtion de droit
aux corolaires ſui-
vans.

Ainſi

Ainfi l'on en revient à ce que l'on a déja dit , & on le répete ; pour être inftruit de ce fait, il faut raporter le Titre pri-
mordial de cette prétenduë fondation , fans cela le Deffendeur
ne doit point être écouté fur tout ce qu'il dira à ce fujet. C'eft-
là en quoi confifte le nœud de cet article.

Le Deffendeur au deffaut du Titre de fondation qu'on lui
a demandé perpétuellement , a produit des paperaffes qui font
auffi vicieufes & informes que les lambeaux de papier qu'il a
auffi produit , & qu'il attribuë à Palliot ; (*b*) & prétend que
ces paperaffes doivent remplacer le Titre de fondation qu'on lui
demande. Pour en juger il n'y a qu'à en faire l'Analyfe.

b V. ce qui eft dit de ces lambeaux de papiers attri-buës à *Palliot* aux p. 58. 59. &c. Au Cayer des Srs de la Maifon de Clugny.

L'une de ces Paperaffes eft un prétendu Procés verbal du 21.
Octobre 1677. dreffé par un Commiffaire député par Mr. l'Evêque d'Autun pour la réduction des fondations étant à la charge
du Chapitre d'Avalon (*i*)

i Dans fon inven-taire imp. P. 7.

Rép. Ce prétendu Commiffaire député n'étoit revêtu d'aucun
carractére pour faire foi en bonne juftice, on n'a pas examiné fi
ce Procés verbal eft vrai ou s'il eft faux ; quand il feroit vrai , il
n'eft perfonne qui pût raifonnablement foûtenir qu'il dût être équi-
valant à un Titre. C'eft *res inter alios acta.*

Les deux autres paperaffes produites par le Deffendeur (*k*)
font un plaidé , & un mémoire écrit (à ce qu'il prétend) par
Georges de Cluny fon ayeul fur le fait de cette prétenduë fondation.

k Ibid. V. la cotte 38. de fon Invent, fignifié le 4. Juin 1720,

Rép. Si des memoires & plaidés écrits par une perfonne inter-
reffée à s'acquerir un droit , peuvent faire foi en juftice, il n'eft
point de plaideurs qui ne foient en droit de dire ; *je foûtiens un
tel fait véritable, parce que je l'ai écrit de ma propre main ; la preuve
en eft dans mon Sac.* Il n'y a pas plus de raifon pour l'un que
pour l'autre. Le ridicule de cette preuve fe fait affés fentir fans
qu'il foit nécessaire de le relever.

Le Deffendeur ajoûte (*l*) qu'il a en fa puiffance la copie d'un
acte fignifié le 21. Avril 1637. par *Jacques de Cluny* frere de fon
bifayeul aux Fabriciens de l'Eglife de St. Pierre qui prouve fa
poffeffion.

l Ibid. p. 7. & 8.

Rép. Cet acte eft une fommation que fit led. *Jacques* aux Fabriciens , pour tâcher de s'acquerir un droit de poffeffion ; fi une
telle fommation qui ne fut fuivie ni de réponfe, ni d'affignation,
peut faire un droit, nous n'avons qu'à faire des fommations à
qui bon nous femblera , pour acquérir dans la fuite des tems
toute forte de droits à nos Héritiers. La voye nous en eft ouver-
te par le fyftême du Deffendeur.

Plus le Deffendeur a employé le teftament de *Georges de Cluny* fon trifayeul, où il eft dit que led. *Georges* a déclaré qu'il vouloit être enterré au fepulchre qui eft dans la Chapelle des de
Clugny. (*m*)

m Ibid.

Rép. Autre preuve de la même trempe que les précédentes ; la
déclaration d'un particulier peut-elle acquérir un droit à fes Héritiers ? que la Cour péfe & éxamine, s'il lui plaît, avec fon attention ordinaire , le genre des preuves du Deffendeur ; & elle verra, s'il n'auroit pas eu plus davantage de n'en point chercher,
que d'en employer de fi foibles.

E

C'eft fur le fondement de telles preuves néanmoins que le Deffendeur parlant de ce *Jean Receveur* du Chapitre dit , que *après les Maifons de Vefigneux & de Jaucourt , il eft un des princi-paux Bienfaiteurs de cette Eglife.* (n) Et dans d'autres écrits (o) que c'eft led. *Jean* qui a donné le bâton d'argent que portent les Bedaux dans l'Eglife de St. Lazarre, fur lequel font les armes de la Maifon de Clugny, que c'eft led. *Jean* qui a fait pofer les Armoiries de Clugny , dans tous les endroits de lad. Eglife, où elles fe trouvent, comme fur les vitres, dans la voute , à l'Ar-cade du Cœur , &c.

(n) Dans fa rep. imp. p. 21.

(o) Req. du 20. Décembre 1720.

Les faits, bien ou mal ajancés, ne coutent rien au Deffendeur, pourvû qu'ils fe raportent à fes vûes. Mais où font les preuves de ces faits ? jufques ici il n'y en a point. Y a-t'il même de la vrai femblance ? Non. Car on ne préfumera jamais que le Rece-veur d'un Chapitre , un Roturier , à qui il ne convenoit pas d'a-voir des armes, ait fait pofer dans tous les differens endroits, les armes de la Maifon de Clugny comme étant les fiennes. N'eft-il pas bien plus naturel , au contraire, de penfer que ces dons faits à l'Egife de St. Lazarre, & les armes que l'on y voit, viennent des Auteurs collatéraux des Srs. de la Maifon de Clu-gny , que des Ancêtres du Deffendeur ? pourquoi cela ? parce qu'il ne convient qu'aux perfonnes puiffantes de faire des dons confidérables aux Eglifes & d'y faire apofer les Armes dans les endroits les aparens. (p)

p Preuve v. ce qui eft dit plus bas.

Ferry Cardinal de Clugny 5e grand oncle paternel des Sieurs de la Maifon de Clugny , eft Bienfaiteur du Chapitre d'Avalon. L'on en voit la preuve fur une Maifon qui apartient au Chapitre fur la porte de laquelle font les Armes de ce Prélat écartelées de trois Fleurs de Lys avec le Chapeau de Cardinal. Cela eft par-lant & naturel. Palliot dit que ce Prélat avoit été Archidiacre d'Avalon.

Guillaume de Clugny , fon frere , qui fut depuis Evêque de Poitiers , fut auffi Archidiacre de la même Eglife. N'eft-il pas plus naturel encore un coup, de penfer, que ce font ces deux Prélats, & leurs Auteurs, qui ont fait du bien au Chapitre, & qui ont fait pofer dans l'Eglife de St. Pierre les Armes que l'on y voit, qui leur apartenoient & qu'il leur convenoit de porter, que de croire que c'étoit un homme d'un bas étage, tel que l'étoit *Jean* Receveur du Chapitre aux gages de 100. livres de qui la naiffance & la fortune étoient trop médiocres, pour avoir pû faire de telles chofes par lui-même.

Si l'on confidére d'ailleurs les ufages qui fe font toûjours pra-tiqués en pareil cas, fur le droit de faire pofer des Armoiries, l'on verra évidemment que ce Receveur n'a pas pû faire pofer les Armes, dont il s'agit, dans l'Eglife d'Avalon, parce que cela ne lui convenoit pas. L'ufage a été de tout tems que lorfque les Roturiers font du bien aux Eglifes, pour que la poftérité en conferve la memoire , ils y font graver leur nom, à la differen-ce des Nobles qui y font apofer leurs armes.

Ufus fe habet , dit Mr. de Chaffeneuz, *ubi plebei & ignobiles aponunt nomen, Nobiles & Domini aponunt Arma fua* (Catal. Glor. mundi Concl. 50, n. 20.) Or ce Jean étoit un Roturier, comme on l'a prouvé : donc il n'avoit pas droit, suivant l'usage, de faire poser des Armes : donc ce n'est pas lui qui a fait poser celles dont il s'agit ici.

Mais ce n'est pas de cet article d'où dépend le mérite du fond ; le Deffendeur a jugé lui-même que toutes les batteries qu'il a employées au commencement du procés ne serviroient de rien, s'il étoit prouvé en fait, qu'il n'étoit pas de la Maison de Clugny, il a tenté pour sortir du mauvais pas où il étoit, de s'y introduire, il n'a pû y réüssir, & l'en voilà expulsé. *Turpius ejicitur quam non admittitur hospes.* Ce n'est donc plus qu'à cette question de fait qu'il faut s'arrêter. C'est là précisément sur quoi doit rouler tout le fort de la contestation.

CINQUIEME DEGRE.
Pierre de Clugny 2ᵈ *du nom.*
Marié à
Denise Filsjean.
I.

Pour établir ce cinquième degré, Mr. de Clugny observe à la Cour qu'il a prouvé les quatre précédens degrés par piéces & monumens autentiques, & que la Chapelle dont on vient de parler, & dont il est en possession par lui & ses auteurs, comme descendu du Fondateur, fait voir que Jean de Clugny *troisième avoit épousé* Françoise Piget, *qui portoit pour Armes un Soleil en étoille à plusieurs rays, comme les portent les Piget.* (Invent. imp. p. 8. & 9.)

CONTREDITS
Sur ce degré qui n'est pas le cinquiéme / mais le quatriéme.
I.

Il n'y a pas là de quoi s'applaudir sur la preuve des degrés précédens, & ce n'est pas avec de semblables termes qu'on en impose à la Cour & au Public. L'on a suffisamment fait voir la foiblesse de ces *piéces & monumens autentiques* qui servent de prétexte au Deffendeur pour chanter victoire ; il n'est pas nécessaire d'ajouter ici quelque chose de plus.

Mais admirons la solidité des preuves du Deffendeur, parce qu'il s'imagine avoir suffisamment prouvé les quatre degrés précédens, il croit être quitte de faire la preuve de celui-ci, chaque degré doit porter sa preuve de descendance particuliére, autrement ce n'est plus une Généalogie, dés que l'on s'arrête en chemin. Suivons les termes du Deffendeur sur ce degré.

I I.

Pour prouver que Pierre de Clugny 3 *du nom fils de* Jean de Clugny *troisième & de* Françoise Piget *avoit épousé* Denise Filsjean *Mr. de Clugny employe le Testament de* George de Clugny *Premier du nom du* 27. *Fevrier* 1620. *publié le* 14. *Mars suivant a l'Audiance du Bailliage d'Avallon dans lequel il est dit que ledit Sieur* George de Clugny *étoit fils de Noble* Pierre de Clu-

I I.

Il est nécessaire ici de se rapeller la datte du dernier Titre dont s'est servi le Deffendeur pour lier sa Généalogie. C'est le Contrat de mariage de *Bartholomine de Clugny* du 20 Juillet 1511, & de là le Deffendeur saute tout d'un coup à l'époque du 27 Fevrier 1620. Il n'y a pas là de quoi faire une descendance suivie & liée.

Il y a plus. Comment le Def-

guy *Docteur es Droits & de Da-* fendeur prouve-t'il que *Pierre*
moiselle Denife Filsjean. (*ibid.* foit fils de *Jean?* nulle preuve
p. 9.) de cela jufques-ici. L'éxiftence
des deux eft prouvée; l'on en
convient ; mais non la defcendance, & c'eft ce dont il s'agit
le plus, parce qu'en faifant cette liaifon, l'on auroit con-
nu quel étoit l'état de *Jean* pere de *Pierre*, & en quoi con-
fiftoient fes biens; l'on auroit trouvé qu'il poffédoit une portion de la maifon fcife prés la Tour de l'Horloge, qui venoit de
Jean Batard de Clugny, qu'il avoit un frere nommé *Charles* (q)
Enquêteur, qui eft le pofthume dont on a parlé plus haut, & qui
a fait la branche du *faux Cluny Vallevron* qui poffédoit l'autre portion, & toutes ces chofes auroient gâté le miftére : c'eft
pour cela qu'il a fauté tout d'un coup de l'époque de **1511.** à
celle de **1620.**

Pierre de Cluny dont il eft parlé dans ce degré, étoit Avocat,
& c'eft lui qui a commencé à avoir un employ honorable
dans fa famille. Il eft qualifié *Noble* dans le teftament de *Georges* fon fils à ce que dit le Deffendeur, qui eft du **27.** Fevrier
1620. mais comment auroit-il été Noble ? puifqu'il n'avoit
point reçû la Nobleffe de fes Ancêtres qui étoient tous Roturiers, & qu'il ne la point tranfmife à fa pofterité? Cet avant-
nom de *Noble*, n'eft donc qu'un faux Titre de vanité, qui a été
de tout tems héréditaire dans cette famille. Titre, au refte,
que n'a jamais pris led. *Pierre* de fon vivant, car l'on pofe en
fait au Deffendeur que cette qualité ne fe trouvera point dans
fon contrat de Mariage, ni dans tous les actes qui ont été paffés avec lui. S'il fe fent fort fur cet article, c'eft à lui à faire
voir le contraire.

Dans le compulfoire que l'on a obtenu contre le Chapitre
d'Avalon, & qu'il commença d'éxécuter, l'on s'eft inftruit d'un
fait bien interreffant fur ce degré. On y a découvert que ledit
Pierre (que le Deffendeur avouë pour fon 4ᵉ ayeul) defcend
de *Jean Bâtard de Cluny*, en ce que led. *Pierre* a poffédé la
même Maifon qui avoit apartenu à *Jean Bâtard* fon 3ᵉ ayeul,
fcife prés la tour de l'Horloge dont il eft parlé dans la tranfaction précédente de **1455.** (r) & dans l'inventaire qui fuit. Ce
qui prouve bien clairement cette defcendance.

Dans ces deux actes on y a vû que *Jean Bâtard de Cluny*,
poffédoit une Maifon à Avalon attenante à la *Tour de l'Horloge*,
& dont *la Vis* étoit commune pour entrer dans lad. Maifon &
dans lad. Tour ; dans la reconnoiffance qui fuit & qu'on a
compulfée aud. Chapitre d'Avalon, l'on va voir que led. *Pierre* 4ᵉ ayeul de Monfieur le Confeiller de Cluny a poffédé la
même Maifon qui avoit apartenu aud. *Jean Batard.*

q Le Deffendeur convient que ledit Charles eft parent de fes Ancêtres dans fa Requête du 30. Juillet 1722.

r V. ce que l'on a dit ci-devant au corolaires fur cette poffeffion pour en induire la defcendance.

Terrier la Nique 20. Avril 1610. „ Extrait tiré de la reconnoiffance faite au Terrier la
„ Nique, au feüillet deux *recto* par Sebaftien Lamy Mar-
„ chand demeurant à Avalon & fa femme le **20.** Avril
„ **1610.**

Il apert

Il apert que *la Maifon* déclarée en lad. reconnoiffance *eft affife prés la Tour de l'Horloge*, tenante
d'une part & d'ancienneté à la Maifon qui fut à Maître *Pierre de Clugny* que tient à préfent Me. *Antoine Pirot* Avocat , laquelle reconnoiffance a été fignée
D E N E S V R E, G O U R R E A U, B I L L E, B I L L E
Prêtre , & la N I Q U E Notaire, & B E L O T Notaire. (*Cette rconnoiffance eft fous la cotte Z. Z. de
la production des Srs. de la Maifon de Clugny au* 4e.
Sac.)

Cette Maifon fcife prés la Tour de l'Horloge, a paffé dans
la famille dud. *Jean Batard* de degré en degré jufques audit
Pierre ; la preuve en réfulte de la reconnoiffance que l'on vient
de voir ; quoique cette Maifon ne foit plus dans la famille du
Deffendeur, on l'apelle néanmoins encore aujourd'hui la Maifon
des de Cluny, par un proverbe ancien du Païs.
L'on reprend la Généalogie du Deffendeur.

SIXIE'ME DEGRE'.

Georges de Clugny per. *du nom.*
marié à
Jeanne Martenot

*Pour prouver ce degré Monfr.
de Cluny employe le Contrat de
Mariage d'Anne de Clugny,
avec le Sieur de Domecy fur
Chures en date du 8. Juillet
1600. qui porte que lad. Damoifelle* Anne de Clugny *eft fille de Noble & fage Maître*
Georges de Clugny *Seigneur
d'Eftaules & de Prejouan, Docteur ès Droits, & Juge pour fa
Majefté à la Prévôté Royale d'A-
lon, & de Damoifelle* Jeanne
Martenot.

leurs qu'il y eut de fi grands avantages que la raifon n'ait pû
fe rendre la maîtreffe de la tentation.
Georges de Cluny, dont il eft parlé dans ce degré, fut juge
Prévôt d'Avalon, qui eft une jurifdiction dont les apellations
reffortiffent au Baillage, & Echevins de la Ville en 1595. (f)
par conféquent fujet à la taille, il étoit comme fes Ancêtres,
Roturier.
L'on doit obferver ici fur cet article que le Deffendeur, qui
fent bien que les preuves qu'il a aportées jufqu'ici fur les degrés
précedens ne font pas fuffifantes à beaucoup prés, s'excufe en

C O N T R E D I T S

Sur ce dgré qui n'eft pas
le 6e. mais le 5e.

Jufqu'ici nous n'avons point
vû de Contrat de Mariage des
Ancêtres du Deffendeur, nous
n'en avons vû que des filles de
fa famille, il eft pourtant plus
naturel qu'il fe trouva munis
des premiers que des feconds ;
mais encore un coup le Deffendeur à fes raifons, il ne fouhai-
te pas que l'on connoiffe à fond
fa famille. Cela étant ainfi pourquoi a-t'il fuccombé à la tentation de rendre publique fa Généalogie ? perfonne ne le forçoit
à cela. L'on ne voit pas d'ail-

(f) Preuve cotte Y.
Y. De la produc-
tion des Deman-
deurs au quatrième
fac. p. 20. verfo.

t Dans fon in-
ventaire imp. p. 9.
& 10.

diffant (*t*) que led. *Georges fon trifayeul vivoit du tems de la
ligue, & qu'ayant voulu foûtenir le parti du Roi, il fut chaffé
d'Avalon par le Duc de Mayenne chef de la ligue, que pour lors
fa Maifon d'Avalon fut pillée, fes meubles, titres, & papiers perdus & diffipés, & fa Maifon Seigneuriale d'Eftaules démolie.* Voilà un fait pofé de fa part. Comment le prouve-t'il? le voici
mot pour mot :

Ibid. p. 10.

Pour établir les pertes caufées par la ligue aud. Sr. Georges de
Clugny *Monfieur de Clugny employe le teftament du mois de Fevrier
1620. qui juftifie que fa Maifon Seigneuriale d'Eftaules n'étoit
pas encore entiérement reparée.*

Quel raport y a-t'il de bonne foi, entre l'énoncé de ce teftament, & ces titres fupofés perdus? Avalon fe rendit au Roi
en 1594. dés lors il n'y eut plus d'actes d'hoftilité; depuis cette
époque jufqu'à celle de 1620. il s'écoula le tems de 26. ans;
pendant cette efpace de tems une Maifon peut bien tomber en
ruine, & *n'être pas reparée,* foit par vielleffe, foit par faute,
négligence, ou autres accidens qui arrivent tous les jours. Ce
teftament, dit-il, que cette Maifon avoit été détruite & renver-
fée par les ennemis? pas un mot de cela. Ce n'eft pas d'ailleurs
de cette Maifon d'Eftaules dont il s'agit, c'eft de celle *d'Avalon*
que le Deffendeur dit *qui fut pillée, & où ces Titres & Papiers
furent perdus.* Et le teftament parle-t'il de cette Maifon d'Avalon?
nullement, c'eft de celle d'Eftaules qui *n'étoit pas encore entiére-
rement reparée* ; il faut en verité n'avoir rien à dire pour mettre au jour de fi pitoyables preuves.

Ibid. p. 10.

Ce n'eft pas tout ; ce *Georges de Cluny* felon le langage du
Deffendeur fon arriérre petit fils, eft un homme qui a rendu de
trés-grands fervices au Roi & à l'Eftat, à l'entendre dire, la
Ville d'Avalon ne fut réduite fous l'obéïffance du Roi, & ne lui
fut livrée que par le moyen des intelligences fecrettes dud. *Georges.* Examinons au jufte en quoi confiftent ces prétendus fervices,
fuivant les preuves même du Deffendeur, & nous y trouverons
bien du rabais.

La Ville d'Avalon fut réduite fous l'obéïffance d'Henri IV. en
1594. fuivant le témoignage de Mezeray. Dés lors tout fut cal-
me & tranquil. Qu'arriva-t'il aprés cette réduction? Les Habitans de cette Ville s'affemblérent le 7. de Mars 1596. en l'Hôtel de Ville, pour conférer fur les mefures que l'on prendroit
pour rendre graces à Dieu, de ce que cette Ville s'étoit fauvée
de la fureur des ennemis. *Georges de Cluny* comme Avocat &
Echevin de la Ville, fut députe pour faire le difcours qu'on a
coûtume de faire dans ces fortes d'affemblées, il le fit, cela

u Il s'apelloit
Hugues Bourelier.
x Il s'apelloit
Claude Garnier.
V. en la preuve
au Procés Verbal
de compulfoire du
26. Aouft 1718. p.
20. verfo. fous la
cotte Y. Y. de nô-
tre ptoduction au
quatriéme fac.

lui convenoit mieux qu'aux autres Echevins fes Confréres, dont
l'un étoit Procureur & Notaire (*u*) & l'autre étoit Grenetier, (*x*)
fon difcours fut écrit, comme il eft d'ufage, il rouloit fur la
reconnoiffance que le Peuple devoit témoigner à Dieu de fe trouver fous l'obéïffance de leur Prince légitime. Le réfultat de l'af-
femblée fut que l'on feroit à perpétuité une Proceffion folemnelle
pour rendre graces à Dieu de la Réduction de la Ville.

Voilà en quoi confiftent ces prétendus grands & importans
fervices rendus par les ayeux du Deffendeur, ils confiftent tous

dans un difcours d'un quart d'heure, fait par un Echevin qui remplilfoit le devoir de fa Charge ; & quel eft le bon François, qui dans une femblable occafion n'en auroit pas autant fait ou voulu faire ? nôtre Nation toujours fidelle, toujours attachée de cœur & d'efprit à fon Souverain plus que toutes les autres Nations du monde, ne manque jamais de fe diftinguer en pareil cas. Mais que fait elle en cela quelle ne doive faire legitiment & pour fon propre interêt ? *George de Cluny* en fa qualité d'Echevin porta la parole au peuple, pour l'exciter à loüer Dieu ; il fit fon devoir & uue bonne action. Mais cette action eft-elle du nombre de celles qui doivent tenir rang dans l'Hiftoire, & être placées parmi les plus généreufes & les plus héroïques ? il n'y a que le Deffendeur qui puiffe le penfer ainfi.

Ce difcours, au refte, ne prouve nullement que *George de Cluny* fe fût donné quelques mouvemens du tems de la ligue, & eût entretenu des intelligences fecrettes pour faire livrer la Ville au Roi Henri IV. comme le prétend le Deffendeur, puifque ce difcours ne fut fait que deux ans après la Réduction de la Ville, c'eft à dire en 1596.

Il y a plus. Il y a une preuve au procès qui découvre que l'allégué du Deffendeur fur ces prétendus fervices, eft faux : car en quelle qualité ledit *George de Cluny* auroit-il agi & entretenu des intelligences ? Ce ne pouvoit être que comme Officier de Police, ou d'Epée, ou comme Echevin, ou comme premier du lieu. (Car il ne convient d'agir en femblables rencontres qu'à ceux qui ont le pouvoir & l'authorité en main, & non aux fimples particuliers qui la plûpart du tems gâteroient tout :) or *George de Cluny* n'étoit rien de tout cela du temps de la ligue ; en fa qualité de Juge Prevôt (Office qu'il poffeda dans la fuite) il ne connoiffoit que des caufes du menu Peuple, il n'avoit rien avoir aux chofes qui concernent la Police ; ce font les Echevins & les Officiers du Bailliage qui en connoiffent ; il n'étoit pas même Echevin dans le tems que la Ville fut réduite en 1594 ; le Deffendeur en convient, (y) & *George* ne fut créé Echevin d'Avalon que le premier de Janvier 1595. (z) L'on a donc raifon de foûtenir que cet allégué eft faux, tant parce qu'il ne fe trouve foutenu d'aucune preuve, que parce que les circonftances que l'on vient d'obferver le détruifent. Que le Deffendeur ne nous fçache pas mauvais gré, s'il lui plaît, de nôtre exactitude, elle tend à rétablir la vérité, que peut-être il n'a offenfée que par mégard.

y dans fon inventaire imp. p. 10.
z Preuve Procés Verbal, *ut fuprà*, p. 19. 20. & 21.

SEPTIE'ME DEGRE'.
Pierre de Clugny 3e *du nom.*
Marié à
Magdelaine Canelle de Bernoul.

I
Monfieur de Clugny pour prouver ce degré employe le Contrat de mariage dudit Sieur Pierre de

CONTREDITS
Sur ce degré qui n'eft que le fixiéme.

I.
Si les précédens degrés avoient été prouvés comme ces deux derniers, nous aurions a-

Clugny, *fils de* George de Clugny *premier & de* Jeanne Martenot *avec* Magdelaine Canelle *fille de* Jacques Canelle, *Seigneur de Bernoul*, & d'Anne le Maître *en datte du* 29 *Juin* 1603.

II.

Ledit Sieur de Bernoul etoit Commissaire des Guerres en Champagne, ce qui marque qu'il etoit Gentilhomme d'ancienne Noblesse, & qu'il avoit servi long-tems dans les Armées.

de Bernoul fut Noble, ou qu'il

III.

Anne le Maître mere de ladite Demoiselle Magdelaine *Canelle de Bernoul* femme *de Pierre de* de Clugny *troisiéme, étoit fille de* Gille le Maître *Premier Président au Parlement de Paris.*

Particulier, qui fut dans la suite Lieutenant Criminel d'un Bailliage de cette Province, qui étoit le poste le plus distingué auquel il devoit naturellement prétendre. Il faut que la chose ne soit pas tout-à-fait comme le dit le Deffendeur, ou si elle l'est, il faut convenir qu'il arrive de grandes révolutions dans la vie.

IV.

Pour le prouver, Mr. de Clugny *produit une Lettre écrite à* Georges de Clugny *son ayeul par* Mr. le Maître de Bellejame *Conseiller d'Etat aussi descendu de* Mr. le Premier Président le Maître, *en datte du* 15 *Février* 1659, *dans laquelle il fait mention de ladite Demoiselle* Magdelaine Canelle *sa cousine, & traitte ledit Sr.* Georges de Clugny *du nom de cousin.*

Plus, une autre Lettre de Mr. le Président le Maître, *fils de* Mr. de Beljamme *adressée à* Jacques de Clugny *pere de Monsieur de Clugny, dans laquelle il le qualifie son cousin; ladite Lettre dattée de Paris le* 20 *Août* 1666.

déclare qu'elles ne seront pas reçuës.

La preuve de l'alliance que le Deffendeur allégue au même endroit avoir avec la Maison de Nuis, est à peu prés de même nature?

---

pris bien des choses. Mais la maniére dont ceux-ci sont prouvés ne condamne-t'elle pas la méthode dont s'est servi le Deffendeur, pour tâcher d'établir les autres?

II.

Ce prétendu Gentilhomme d'ancienne Noblesse avoit mauvaise grace de donner sa fille en mariage à un Roturier; il ne connoissoit pas assés le prix de la Noblesse, puisqu'il dérogeoit dans sa Famille. Mais que le Sr. ne le fut pas, cet éxamen est inutile ici.

III.

Admirons ici l'inconstance des choses de la vie humaine! la petite fille du Premier Président du Parlement de Paris, (à ce que dit le Deffendeur,) devient la femme d'un simple

IV.

L'on n'a pas vû les originaux de ces Lettres, ainsi l'on n'en peut rien dire de certain; ce qu'il y a de vrai, c'est que ces Lettres ne sont pas reconnuës.

L'on avoüe, au reste, que l'on n'a pû comprendre comment ces deux Lettres, vraies ou fausses, peuvent prouver cette descendance suposée. De bonne foi si Mr. le Cons. de Cluny étoit de Qualité à pouvoir faire des Chevaliers de Malthe, se contenteroit-on de semblables écrits pour prouver ce degré du côté maternel? ce n'est pas de long-tems que cela peut arriver dans sa Famille; mais si le cas arrive un jour, & qu'il n'aporte pas de meilleures preuves, on lui

ture; mais comme il ne s'agit pas des alliances du Deffendeur, mais de fon origine qu'il a voulu donner pour autre qu'elle eft; l'on s'en tient précifément à cet article. Que le Deffendeur tire tant qu'il lui plaîra une fauffe vanité des autres, cela intereffe peu la difficulté.

Pierre de Cluny dont il eft parlé dans ce degré étoit Roturier, il fut d'abord Lieutenant Criminel, enfuite Lieutenant Civil au Bailliage d'Avalon. Ainfi il n'eft guéres à préfumer qu'un homme de fon état ait fait des alliances telles que le dit le Deffendeur

HUITIEME DEGRE'	CONTREDITS
George de Clugny 2^d. *du nom marié à*	Sur ce degré qui n'eft que le feptiéme.
Madelaine le Foul.	

Pour prouver ce degré Monfieur de Clugny employé le contrat de mariage dudit Sieur George de Clugny, fecond Lieutenant Civil d'Avallon fils dudit Sieur Pierre de Clugny troifiéme auffi Lieutenant Civil, & de ladite Demoifelle Magdelaine Canelle de Bernoul affifté du Sieur de Bernoul fon oncle, & de Meffire Helie de Jaucourt Baron de Planfi & de Dommecy fon Coufin avec Damoifelle Magdelaine le Foul, veuve du Sieur Fevret ledit Contrat en datte du 4. de Juin 1630.

Le Deffendeur en parlant de ce Contrat de mariage ne fait mention ici que de deux parens utérins qui y ont affifté, qui font les Sieurs *de Bernoul* & *de Jaucourt*: pourquoi ne parler précifément que de ces deux-là? cette marque de diftinction & de préférence qu'il leur accorde, ne fait-elle pas injure aux autres parens qui portoient fon nom, qui y affiftérent comme eux, & dont il n'eft pas parlé. L'on fe trompe fort fi on ne lit à travers tout ceci, quel a été le but du Deffendeur, fi le *Baron de Planfy* & de *Domecy* a trouvé place dans la Généalogie, c'eft à caufe de fa Baronie. (On admet volontiers de tels gens parmi les fiens,) au lieu que fi les autres parens du nom du Deffendeur font reftés à la porte, c'eft parce qu'ils étoient Roturiers. Comme il ne s'agit pas ici de fçavoir fi le Sieur de Bernoul & le Sieur de Jaucourt étoient fes parens, l'on n'en dit mot; en tout cas, ce ne pouroit être que du côté des femmes, d'où il ne peut tirer aucun avantage.

Georges de Cluny fut Lieutenant civil au Bailliage d'Avalon. Il prétendit en cette qualité (les Officiers dud. Balliage à lui joints) qu'ils devoient être exempts de payer la taille. Cela fit la matiére d'une conteftation entr'eux, & les Echevins de cette Ville, qui fut décidée par un réglement que fit M. le Prince, auquel les parties avoient foûmis le different; le 2. Decembre 1634. portant ces termes: *feront lefd. Officiers, Echevins, & Sindic compris & impofés aux rôles des tailles, ainfi que les autres Habitans dud. Avalon.* (a)

(a) V. la Cotte X . X. au quatriéme Sac des Sieurs de la Maifon de Clugny, contenant une expedition de ce reglement tirée du livre intitulé *livre Rouge*, qui eft aux Archives de l'Hôtel de Ville d'Avallon ladite expedition compulfée, par Ordonnance de la Cour partie appellée le 26 Aouft 1718.

G

Georges de Cluny, depuis ce tems-là, a toûjours payé la taille à Avalon tant qu'il a vecû. La preuve en réfulte tant des comptes des Receveurs, que l'on a compulfé par Ordonnance de la Cour le 26. Août 1718. que par une quittance écrite de la main dud. *Georges* qui l'affirme ainfi. Il fuffit de raporter ici les termes de l'un des comptes rendus par le Receveur de ce tems-là, pour en être perfuadé. *La fomme de foixante & quinze livres,* eft-il dit, *fera à l'avenir payée par led. Sr. Lieutenant* (Georges de Cluny) *toutes déduĉtions & compenfations de fa taille faite par accommodement, laquelle fomme ne pourra être augmentée ni diminuée, quoique la taille & impôt foient augmentés ou diminués.* (b) Signé, *Georges de Clugny.*

b V. la cotte Y. Y. au quatriéme Sac des Srs. de la Maifon de Clugny. Depuis la p. 11. jufqu'à la 14. incluſivement.

Une autre preuve du païement de la Taille dudit *George de Cluny* fe tire d'une de fes quittances produitte au procés fous la cotte n. n. des Demandeurs portant ces termes:

Sous la cotte N. N. au quatriéme Sac.

» J'ay reçû de Me. Joseph Boivin Receveur des deniers » comuns de la ville d'Avallon en l'année 1642. la fom- » me de 75. liv. d'un côté, & 62. liv. dautre pour une » année darrerages de deux rentes qui me font deues pour » ladit année 1642, & ce tant en argent que *en paye-* » *ment de mes Tailles* de ladite année dont je le tiens quitte » fait le 23. Decembre 1643. *Signé* J. DE CLUGNY.

Cette preuve ainfi remplie, il n'eft donc plus permis de douter que ce *George de Cluny* (qui eft l'ayeul du Deffendeur) ne fut roturier, puifqu'il a toûjours payé la taille, cela prouve que tous fes Anceftres l'étoient auffi; quoique quelques-uns, dentre eux, fe foient quelquefois qualifiés Nobles, dans quelques aĉtes particuliers: car s'ils avoient été véritablement Nôbles ne fe feroient-t-ils pas toûjours maintenus dans la nôbleffe? On ne peut pas fupofer qu'ils ayent dérogé; car comment pourroit on entendre que des gens qui avoient la vanité de prendre le titre de nobleffe, fans en avoir les privileges, puffent en avoir perdu les privileges & ne s'en conferver que le Titre? Cela ne fe concilieroit pas.

Ledit *George* eft qualifié Noble, dans quelques aĉtes produits par le Deffendeur, entre autre, dans fon Extrait Baptiftaire du 18. de Mars 1664; fignifié le 4. Août 1721. (d) les aĉtes que l'on vient de voir prouvent, fans replique, qu'il ne l'étoit pas, & donnent à entendre que la vanité a été de tout tems héréditaire dans cette famille.

d V. Encore un aĉte de la produĉtion du Deffendeur fous la cotte V. ou led. Georges s'eft dit Noble.

Il y a plus; non feulement ce *Georges*, Roturier, a pris fauffement la qualité de Noble; mais il a eu encore le front de fe dire *aîné de la Maifon de Clugny* (à la vérité ce n'eft que dans des memoires écrits de fa main, trouvés aprés fa mort, que le Deffendeur a confervé précieufement & produits au procés; & l'on n'eftime pas qu'une telle paperaffe veüille trouver la moindre créance dans l'efprit de la Cour.) Raportons, fous une colomne, les propres termes, dont led. *Georges* ayeul du Deffendeur s'eſt ſervis à ce ſujet, écrivant & parlant de lui-même, & joignons, vis-à-vis, ſous une autre colomne, les termes dont le Sr. Conſeiller de Cluny ſon petit fils s'eſt ſervis écrivant au procés, pour faire entendre qu'il ne convenoit pas, à tous les Nobles, de ſe ſervir du terme de *Maiſon*.

Langage de George de Cluny.	*Langage d'Etienne ſon petits fils.*
Memoire des diſtributions qui ſont dues par le Chapitre d'Avallon, a moy George de Clugny, commé Lieutenant Civil d'Avallon, & encor comme aîné de la Maiſon de Clugny, à cauſe de quelques fondations qui ont été faites par mes predeceſſeurs.	Le titre de Maiſon ne convient point à la famille des Demandeurs, ny aiant que les maiſons ſouveraines, & les premieres maiſons de l'état qu'on doit traitter avec cette grande diſtinction. (*ce ſont les termes de ſa ſommation du 8. Aouſt 1720.*)
Plus bas il repete la même choſe, en ces termes.	*Dans d'autres écrits il s'énonce ainſi :*
A la Proceſſion de l'Octave du Saint Sacrement fondée par mes Predeceſſeurs m'eſt dû double retribution, 20 deniers comme Lieutenant, & 20 deniers, comme aîné de la Maiſon de Clugny. (C'eſt dans la cotte Y de la production du Deffendeur que l'on a copié ces Termes.)	Le titre faſtueux que ſe donne le Sieur de Theniſſey, en alleguant que luy & ſes parties jointes ſont iſſus de la Maiſon de Clugny, ne s'adopte qu'aux Maiſons des Princes, ou Nobleſſe ſuperieure & titrée, aiant dû ſe ſervir du terme de famille (*ce ſont les teomes de ſon plaidé au Procés Verbal du 30 Juillet 1722 fol. 3. verſo. de notre production.*)

Réflexions ſur les termes de ces deux colomnes.

Suivant le propre langage du Deffendeur, *il n'y a que les Maiſons Souveraines & les premieres de l'état qui peuvent ſe ſervir de la diſtinction du mot de* (Maiſon.) *Georges ſon ayeul étoit* Roturier ; il s'eſt ſervi néanmoins *de cette grande diſtinction*, en parlant de ſa famille roturiére, ne ſont ce pas là les traits d'une vanité outrée de ſa part ? *Eſtienne ſon petit fils qui eſt le Deffendeur* trouve bon que led. *Georges ſon ayeul* ; qui a toûjours payé la taille, ſe ſerve du terme de (Maiſon) en parlant de lui, & il ne peut ſouffrir que les Sieurs de Theniſſey, de Coulombié, &c. Qui ſont, comme on la prouvé d'une haute Nobleſſe, l'employent eux-mêmes dans leurs écritures. N'eſt-ce pas ici le cas d'apliquer au Deffendeur ce qu'a dit un ancien ?

Dat veniam corvis, vexat cenſura Columbas. Juvenal.

Il réſulte des termes de *Georges* que ce n'eſt pas d'aujourd'hui que cette famille a eu l'ambition de vouloir profiter de la conformité de ſon nom pour s'introduire, ſi elle l'avoit pû, dans la Maiſon de Clugny.

Il réfulte de ceux du Deffendeur qu'il eft tombé dans une contradiction étrange fans y penfer. Il a blâmé dans fes Adverfaires un Titre qui leur convient, & qu'ils ont prouvé avoir droit de prendre (*e*) comme étant iffus d'une ancienne Nobleffe & de diftinction, & il aprouve que *Georges* fon ayeul qui n'étoit point Noble, qui payoit la taille, s'arroge ce Titre, qui felon lui-même ne convient qu'aux Maifons des Souverains & des Princes. Que doit-on penfer d'un tel langage, fi diametralement opofé au bon fens & à lui-même.

e V. les pages 23. 28. 114. 133. 136. &c. du Cayer.

NEUFVIE´ME DEGRE´.
Jacques de Clugny.
marié à
Jeanne Filsjean.

CONTREDITS
Sur ce degré qui n'eft que le 8e˙

Monfieur de Clugny établit ce degré . . . . . par les lettres de provifions, & arrêt de receptions, en l'office de Lieutenant Général de Dijon, en faveur dud. Sr. Jacques de Clugny, *Lieutenant Civil d'Avalon:* led. *Office vacant par le decés de* Jean de Clugny *fon oncle, lefd. lettres & arrêt en datte des 27. Mars & 29. Auril 1676.*

Jacques de Cluny, dont il eft parlé dans ce degré eft le pere d'*Eftienne* (qui eft le Deffendeur (il fut d'abord Lieutenant Civil au Bailliage d'Avalon, enfuite il fut Lieutenant Général au Balliage de Dijon qui eft le pofte le plus honorable qu'ayent poffedé fes Ancêtres.

Pendant que *Jacques* a été Lieutenant Civil à Avalon, il a toûjours payé la taille. La preuve en eft acquife au procés par les comptes rendu par les Receveurs des tailles d'Avalon, dont l'on a compulfé des extraits. Ces comptes font fignés de lui, ainfi il n'eft pas poffible au Deffendeur de fe tirer de là. Il fuffira de raporter les termes d'un feul article.

f Tiré du Procés verbal du 26. Août 1718. V. le depuis la p. 14. jufqu'à la p. 16 il eft au quatriéme Sac des Sieurs de la Maifon de Clugny fous la C. Y. Y.

„ Extrait (*f*) tiré fur la minute du compte rendu „ en l'Hôtel de Ville d'Avalon le dernier Août 1664. par „ Me. Simon Caillet Receveur de la Ville d'Avalon en „ 1661. pardevant Me. *Jacques de Clugny* Lieutenant „ Civil d'Avalon au feüillet 13. *verfo* au chapitre inti-„ tulé deniers comptés & non reçûs, eft écrit ce qui „ fuit:
„ 88. livres pour les cottes par moitié defd. deux Rô-„ les de Monfieur *de Clugny* Lieutenant en ce Bailliage „ ci - - - - - - - - - - - - - 88. liv.
„ En marge dud. art. eft écrit paffé, &c.
„ La cloture duquel compte eft fignée *Jacques de Clu-*„ *gny.*

Ce

Ce fait averé, il est constant que *Jacques* étoit Roturier, cependant il se disoit Noble. (*g*) Qu'est ce que cela prouve ? sinon qu'il avoit bien envie de l'être, qu'il vouloit faire croire qu'il l'étoit, mais qu'au fond il ne l'étoit pas.

Le Deffendeur en parlant de ce degré a voulu faire entendre que led. *Jacques* avoit été reconnu pour être de la Maison de Clugny, par la Veuve du Baron du Broüillard ; mais l'on a suffisamment prouvé le contraire en parlant de cette branche (F. V. ce qui a été écrit à ce sujet aux p. 157. 158. 159. ci-dessus.)

g Il est qualifié Noble dans l'extrait baptistaire du Deffendeur du 18. de Mars 1664. par lui signifié le 4. Août 1721. aux Demandeurs.

DIXIEME DEGRE'

Etienne de Clugny.

I.

Monsieur de Clugny employe l'acte de tutelle du Bailliage de Dijon du 9 Octobre 1684, dans lequel il est nommé parmi les enfans mineurs délaissés par ledit Sieur Jacques de Clugny.

II.

La Cour est supliée d'observer que Mr. de Clugny & ses auteurs n'ont point croupis dans l'oisiveté, & qu'ils ont toujours servi le Roi & le Public. &c.

III.

Pour justifier ce fait, Mr. de Clugny employe le Brevet de Conseiller d'Etat accordé à Jean de Clugny *frere de* Georges de Clugny *son ayeul, dans lequel il est fait mention des services dudit* Jean de Clugny, *de ceux de* Georges de Clugny, *& de ceux de leur pere & ayeul.*

CONTREDITS

Sur ce degré.

I.

Cet acte de tutelle, quoique fait au Bailliage, ne dit rien pour prouver la Noblesse dudit *Jacques*, puisque l'on vient de démontrer qu'il étoit Roturier.

II.

Ses auteurs ont toujours payé la Taille ; ils ont été imposés aux Charges publiques comme tous les autres Plébeyens. L'on ne disconvient pas qu'en ce sens ils n'aient été utiles au Roi & au Pubic.

III.

L'on a vû ci-devant quel étoit le poste des de Cluny dénommés dans cet article, & cela suffit pour faire tomber la preuve qu'employe là le Deffendeur.

Ce *Jean de Clugny* dont il parle dans cet endroit avoit été Lieutenant Général au Bailliage de Dijon. Après plusieurs années d'éxercice, il eut le crédit d'obtenir des Lettres de vétérance, dans lesquelles, pour lui faire honneur, on lui donna la qualité de Conseiller d'Etat ; mais il ne s'est jamais trouvé sur les Rangs, lorsque l'on a traité des affaires du Conseil.

Ce Conseiller d'Etat n'étoit pas plus Noble que tous les autres de sa race ; cependant il vouloit que l'on crût qu'il l'étoit, car il prit la qualité d'*Ecuyer* dans quelques actes qu'il passa. Malheureusement pour lui le Partisan, qui du tems qu'il vivoit, fit dans cette Province la recherche de la Noblesse, (*h*) fut instruit de cette usurpation ; il le fit assigner pardevant Mr. l'Intendant, aux fins de ne plus prendre à l'avenir la qualité d'Ecüier qui ne convenoit point à un Roturier comme lui, & pour

h V. ce que l'on a dit sur cet art. à la p. 11. des réflexions imp. sur la Requête du Deffendeur & la p.129. du cayer.

H

l'avoir fait, être condamné à l'amande envers le Roy, portée contre tous les ufurpateurs du titre de Noblefse. Cette affignation l'embarrafsa, il allégua pour s'excufer qu'il n'étoit pas *coutumier du fait*, il produifit fes lettres de Confeiller d'Etat pour demander grace, il ajoûta que c'étoit le Notaire qui luy avoit donné cette qualité contre fon gré, & pour embarrafser le partifan il mit en caufe les Héritiers de ce Notaire, & prit contre eux des conclufions en garentie pour recouvrer contre eux les depens & l'amande afuquels il prévoioit qu'il alloit être condamné. Qu'ariva-t'il de la deffenfe de ce Confeiller d'Etat qui avoüoit de bonne foy qu'il n'étoit pas Noble? Mr. Bouchu Intendant de la Province donna jugement le 25 Janvier 1666 par lequel il fut ordonné que la qualité d'Ecuïer luy feroit rayée, avec tres exprefses deffenfes de la prendre à l'avenir, & il ne fut condamné qu'à l'amande de 150. liv. & aux dépens, attendu qu'il n'étoit pas coûtumier du fait. (Les preuves de tout cela font fous la cotte B. de la production des Sieurs Demandeurs.)

Ce *Jean* Confeiller d'Etat avoit époufé *Pierrette Gaulthier*, dont il na point eu d'enfans; celle-cy étant veuve & riche, fit un don à l'Eglife des P. P. Jefuittes de cette ville d'un ornement & devant d'Autel d'argent qui eft manifique; elle eut la vanité d'y faire apofer les armes de la maifon de Clugny; fon petit neveu qui eft le Deffendeur s'en prevaut dans fes écrits, comme fi une telle ufurpation pouvoit luy acquerir un droit, tout ce que l'ufage luy permettoit de faire en pareil cas c'étoit d'y faire mettre fon Chiffre ou fon nom (*i*) & il ne convenoit pas plus à cette veuve de fe faire honneur des Armes de la Maifon de Clugny, qu'il avoit convenu à fon mari de fe décorer du Titre d'Ecuïer.

i Ufus fe habet ubi plebei & ignobiles apponunt nomen, Nobiles & Domini apponunt Arma fua. (Chaf. Cat. glor. mundi, p. 1. conc. 55.

Cette veuve a toujours payé la Taille en cette Ville jufqu'à fa mort, fi Mr. le Conf. de Cluny nie ce fait, on le prouvera.

Ces obfervations ainfi faites fur la généalogie que Mr le Confeiller de Cluny a jugé à propos de donner de fes Anceftres, qu'il ne trouve pas mauvais que l'on lui rapelle à la mémoire les termes dont il s'eft fervi dans le premier de fes Imprimés, où il s'énonce lui-même ainfi: *Il n'y a jamais qu'à perdre dans ces fortes de difcutions généalogiques: tel qui veut paroître grand, fe trouve bien petit quand tout eft difcuté par le menu.* (*K*) C'eft ainfi que l'on fe condamne fouvent foi-même fans y penfer. L'on s'en tient à ce qu'il en a dit pour ce qui le concerne.

K C'eft dans fa Rép. imp. p. 22.

Monfieur le Confeiller de Cluny, dont il s'agit dans ce dernier degré fut d'abord Avocat, il acheta enfuite une charge de Confeiller au Parlement, & c'eft cette charge qui l'a tiré de la condition roturiere de fes Anceftres, & qui l'a anoblis, il a dit quelque part dans fes écrits, que *tous fes Auteurs en remontant jufqu'à fon 7e. Ayeul, lui avoient tranfmis une noblefse ancienne d'une probité hereditaire.* (*l*) L'on a démontré la fauffeté du premier membre de cette Période? Pourquoi s'énoncer ainfi, puifqu'il fçavoit fi bien le contraire? Il a ajoûté dans un autre endroit de fes écrits (*m*) que *fes Ayeuls fe font qualifiés Nobles & Ecuyers de tous tems*, Si cela eft, fuivant fon propre mot, fes Ayeuls font tous des Ufurpateurs téméraires du titre de Noblefse; ce font des gens ambitieux, qui de tous tems ont voulu fe

l Dans fa Req. du 26. Fév. 1718. imprimée avec des notes, p. 2.

m Ibid. p. 17.

donner pour ce qu'ils n'étoient pas ; ce sont des *faux nobles* de *faux Ecuyers* ; ce sont en un mot (dût-il encore s'en fâcher) de *faux Cluny* qui ont voulu s'arroger des distinctions qu'il ne leur convenoient pas.

Monsieur le Conseiller de Cluny a acquis la vétérance dans sa Charge de Conseiller, après quoy il en a fait la remise a l'un de ses fils ; ce procès cy est survenu peu de temps après ; mais voyant que les commencemens ne luy étoient pas avantageux, & qu'il perdoit tous les incidens qu'il avoit fait naître & qui se succédoient les uns aux autres, comme les jours de la semaine, il tenta la voye de se remettre en place, & captiva le moment favorable pour réussir à la Cour. Enfin de tous les Conseillers vétérans il siége seul aujourduy, tandis que ce qu'il y a de grand, & de Nobles Magistrats de pere en fils depuis plusieurs siécles dans ce Parlement se contiennent dans les regles & sages decrets de leur compagnie.

Il a fait plus ; son esprit vif & entreprenant lui a fait présumer qu'il feroit plier la Cour, & qu'il obtiendroit une place fixe à la grand chambre ; il a donné requête à cet effet ; mais il n'en a pas eut le succés qu'il attendoit ; le plus grand nombre des voix la emporté contre lui, il a passé aux Enquêtes.

Ce procès cy la mis de si mauvaise humeur, que lorsqu'il a écrit pour sa deffense il a vomis, contre ses adversaires tout ce que la bile la plus amére peut engendrer des plus empoisonné. Ceux qui ont lû ses écrits le sçavent ; il s'est étudié particuliérement à déprifer l'ancienneté & les illustrations de la Maison de Clugny ; il s'est forgé des faits qu'il a débité comme vrais & avec une sécurité étonnante ; mais sa calomnie n'a servi qu'à donner un nouveau lustre à cette maison ; il a cherché avec soin par ou il pourroit mortifier ses adversaires, parce qu'il sçait mieux qu'un autre que la vengeance est douce, mais il s'est trompé : les aplaudissemens que quelques flateurs ont donné à la vanité de ses écrits, les victoires aparentes qu'il a remportées, par de mauvaises voyes, ne seront pas de longue durée. Ceux qui l'ont flatté doivent être revenus actuellement de leur erreurs, s'ils aiment tant soit peu la vérité.

Il n'a pû souffrir qu'on ait lû dans les écrits de ses adversaires les termes de *Messires* de *Chevaliers*, de *Maison de Clugny*, de *Monsieur*, ou *Messieurs*, mis au bas des Arrêts, ou au dos de leurs piéces, ces termes ne convenoient qu'à lui seul, selon lui, où à Messieurs ses fils, *parce qu'il lui importoit*, a t'il dit, *que dans les actes d'une procédure où il est parlé des uns & des autres, on n'y voye aucune qualité qui puisse aprocher, tant soit peu sesd. parties de luy & de Messieurs ses fils* (ce sont les propres termes de son Inventaire, signifié le 2. de Juillet 1721. p. 29 de la copie.)

Qu'elle délicatesse de la part de cet homme nouveau, dont les Ancêtres, comme on vient de le prouver, ont tous été roturiers, qui la été lui même comme eux, de ne pouvoir souffrir qu'une Noblesse ancienne, distinguée, & dont plusieurs maisons trés illustrées du Royaume ont recherché l'alliance, *prennent des qualités qui les aprochent, tant soit peu, de lui & de Messieurs ses fils !* un annoblis de deux jours, dont le fils paieroit aujourdui la Taille s'il vendoit sa Charge, voit avec peine une Noblefse qui dure depuis plus de six cens ans marcher sur la même ligne que lui : cette égalité le demonte, il en fait un incident qui lui est dit-il important, il en forme de grandes plaintes, a l'entendre dire l'intervale qu'il y a entre lui & ses adversaires est immense, *il ne faut rien qui les aproche tant soit peu de lui & de Messieurs ses fils* (n) he quoi donc ! Ou ce procés cy nous a-t-il réduit ? La divinité se communique aux hommes & s'en laisse aprocher, & un homme nouveau ne pourra souffrir que des Nobles de tout temps *aprochent tant soit peu de lui & de Messieurs ses fils.* Il faut convenir que ce trait d'amour propre est bien singulier.

n Dans son Inventaire imp. p. 29.

Ils n'ont rien, dit-il plus bas, & dans le même écrit, *qui puisse les mettre en convenance avec Monsieur de Cluny ou Messieurs ses fils* (o) c'est ainsi qu'aveuglé par l'excés d'une vanité mal entendüe il se place lui même au dessus de ses adversaires quel aveuglement ! Quel excés ! Quel orgueuil ! Avouons encor un coup que l'amour propre est un étrange séducteur.

o Ibid.

La consequence qu'il faut tirer de tout ceci, c'est que puisque selon l'aveu même du Deffendeur, il doit y avoir nécessairement une différence entre les parties plaidantes : différence si grande. Qu'il ne faut pas que les uns *aprochent tant soit peu des autres*, il faut donc que cette différence si essentielle selon lui, & si essentielle selon nous soit marquée par la sagesse de la décision que l'on attend qui maintiendra les vrais enfans de la Maison de Clugny dans le bien le plus précieux de leur patrimoine qui est leur nom & leurs armes, qui exclura de leur Maison le Deffendeur qui a voulu témérairement s'y introduire, quoiqu'il n'en soit pas, qui lui fera défenses à lui & a sa postérité née & à naître de s'en dire issus directement, & d'en porter les marques qui l'ont toûjours distinguée des autres familles du Royaume, telles que sont leur nom & leur armes· (p)

p Ce sont les conclusions que les Srs. de la Maison de Clugny ont prises au procés dans leur Requête du 21 de Juin 1720. cot. D. D. D.

La Cour en adjugeant ces fins aux Sieurs de la Maison de Clugny ne fera que de se conformer à un Arrêt que le Parlement à déja donné dans la même espèce entre *Charles de Clugny*, Baron de Grignon, ayeul des Srs. de Darcey & de Grignon parties au procés, & un nommé *Edme de Cluny* Sieur de Vallevron. Celui-ci se disoit issus de la Maison de Clugny ; il en portoit le nom & les armes, & il en avoit usurpé les Titres. Cela fit un grand procés, sur lequel intervint Arrêt le 17, d'Août 1658. dont voici les qualités & le dipositif.

Extrait des Regiftres de Parlement.

" Entre Messire *François de Rochefort* Marquis de la
" Boulaye Apellant, &c. d'une part.
" *Edme de Clugny* Sieur de Vellevron, Intimé.
" Et *Charles de Clugny* Baron de Grignon Seigneur
" de Darcey entrevenant, d'autre.
" Vû, &c. La Cour faisant droit sur l'intervention dud.
" *Charles de Clugny* ordonne que les Titres concernans
"

la

la Maison (q) & famille de Clugny feront tirés de
la production dud. *de Vallevron* & remifes aud. *Char-*
les de Clugny (r) moyennant décharge, fans qu'à l'a-
venir led. de Vallevron puiffe prendre les Armes de lad.
Maifon de Clugny. Fait en Parlement à Dijon le 17.
Août 1658. *Signé,* G U Y T O N.

Cet Arrêt n'eſt pas le feul dans fon efpèce. Semblable conteſtation eſt arrivée de nos jours au Parlement de Paris, entre les
Sieurs de la Maifon de Mailly, & les nommés *Nicolas & André*
Mailly Receveurs Généraux des Finances en la Généralité de Tours;
ceux-ci fe faifoient apeller *de Mailly*, & portoient les mêmes
Armes que les aînés de la Maifon de Mailly qui font, un *écu*
d'azur à trois maillets d'or poſés deux, & un. Ils s'étoient fait
une Généalogie auſſi fauſſe que manifique, par l'invention de
laquelle ils fe faifoient defcendre d'un *Manaſſes de Mailly,* fils
d'Helion de Mailly, qui fut Chevalier d'honneur au Parlement
de Bourgogne (ſ) (& le Deffendeur en a fait autant, en fe
faifant defcendre de *Jean de Clugny* Garde des Sceaux) ils a-
voient obtenu des lettres de réhabilitation moyennant une finance
de deux mil écus; de ces lettres que la Roque apelle *à deux vi-*
fages parce qu'elles réhabilitent, & annobliſſent tout à la fois en
tant que de befoin. Ils y avoient fait blafonner les armes de la
maifon de Mailly, & ils y avoient expofé que ces armes leur
étoient patrimoniales, & à leur famille. Grand procès à ce fujet. Les *faux Mailly,* qui vouloient être les bons, dépriferent
trés-fort l'illuftre Nobleſſe de là Maifon *de Mailly,* comme fait
ici le Deffendeur, ils invectiverent Dieu fçait! (le Deffendeur
en a fait de même) fur cette conteſtation dont la difcuſſion
étoit devenuë immenfe par les Titres & la procedure qui la
compofoient, il intervint Arrêt dont voici en fubftance le diſ-
pofitif.

Tout joint & confideré notred. Cour . . . . fait
deffenfes aud. *Nicolas Mailly,* & aud. *André Mailly*
Dubreüil fon frere, leurs enfans & defcendans nés &
à naître de fe dire iſſus & defcendus directement de
la branche des *de Mailly* de la Province de Bourgogne qui fe trouve éteinte faute de mâles . . . . de fe
nommer autrement que *Mailly* fimplement & fans article (de) & *de porter les armoiries d'azur à trois*
Maillets d'or, que led. *Nicolas Mailly* a fait blafonner dans fes lettres d'Annobliſſement; fauf à eux à fe
retirer par devers le Roi pour obtenir des Armes qui
foient differentes de celles des Maifons des de Mailly
des Provinces de Picardie & de Bourgogne, s'il plaît
aud. Seigneur Roi de leur en accorder. Ordonne que

q Preuve que l'on doit dire Maifon.

r Ce font ceux que l'on a pro-duit au procés, tels qu'ils ont été reſtitués.

ſ Voyés le Mé-moire des Sieurs de la Maifon de Mail-ly qu'on a produit au procés, fous la cotte A. A. A. au quatriéme Sac des Demandeurs, p. 2.

Cet Arrêt eſt imprimé,& il eſt produit fous la cotte B. B. B. au quatriéme Sac des Sieurs de la Maifon de Clu-gny.

I

t C'étoient les écrits des faux Mailly, dans lesquels ils s'étoient répandus en injure & en calomnie contre la Maison de Mailly, (comme a fait ici le Deffendeur) contre la Maison de Clugny.

» les actes des 13. Decembre 1714. & premier de Mars
» 1715. &c. seront suprimés (*t*) fait deffenses aud. *Ni-*
» *colas Mailly* de plus user de telles voyes & de se ser-
» vir de termes injurieux tant contre l'ancienne Noblesse
» de la Maison dud. de Lallemand (qui descendoit des
» de Mailly par les femmes & qui étoit partie au pro-
» cés) que contre l'ancienne Noblesse & memoire de ses
» Auteurs sous telle peine qu'il apartiendra, & ayant é-
» gard aux conclusions de nôtre Procureur Général, con-
» damne led. *Nicolas Mailly* à aumôner au pain des
» Prisonniers de la Conciergerie du Palais la somme de
» 1000. l. condamne lesd. *Mailly* & Consors en tous les
» dépens envers toutes les parties. Fait & donné en nô-
» tre Cour de Parlement le 16. de Juillet l'an de grace
» 1718. & de nôtre Regne le 3e· *Collationné*, *Signé par*
» *la Chambre.* GILBERT.

Si l'on n'apréhendoit de trop grossir ce volume d'écritures, l'on s'étendroit sur la parfaite conformité qu'il y a de ces deux Arrêts à l'hypothése presente, mais l'on passe rapidement sur cet article, parce que l'on se persuade que la chose se fait assés sentir d'elle-même.

Maximes sur le Droit des Armoiries apliquables à l'hypothése presente.

I.

Le nom & les armes ont été inventés pour distinguer les familles les unes des autres ; cela est constant. *Sicut nomina inventa sunt ad cognoscendum homines, ita etiam insignia inventa sunt.* (*u*) Il importe à un état bien policé qu'il y ait une distinction marquée entre les Sujets qui le composent ; & il importe aux Particuliers que les uns n'usurpent point les Armes des autres par une infinité d'inconveniens qui en peuvent arriver dans la suite. *Ideò nostrâ interest quod nemo defferat insignia nostra, vel arma propter scandala, quæ occurrere nobis possent.* (*x*)

u Barthol. in Tract. Armorum. Chasseneuz. tit. glor. mundi, p. 1. conc. 28. n. 1.

x Ibid. Concl. 48.

II.

Dés lors qu'il importe aux Particuliers que l'on ne confonde point leur famille avec des familles étrangeres ; dés lors qu'il peut naître de là des inconvéniens dans la suite, ils ont droit d'empêcher qu'aucun n'usurpe leurs Armes. *Quando quis deffert arma alterius, aut ad emulationem, aut injuriam ei potest indici duellum.* (*y*)

y Ibid.

III.

Les Nobles d'origine qui sont issus d'une Noblesse ancienne & illustrée ont des Armes qui leur sont propres de tout tems. *Certum est quod Nobiles ex origine, longâ serie & prosapiâ præ-*

decefforum habent fua Arma, & infignia, & communiter à tali tempore cujus memoria non extat. (z) Et c'eſt avec raiſon que ceux-là ne doivent pas ſouffrir que d'autres portent leurs Armes, *nec unus pateretur quod alter portat Arma fua;* parce que ces Armes qui leur ſont propres, marquent la diſtinction & l'ancienneté de leur Maiſon, *Arma diſtincta ab aliis ratione antiquitatis domus.* (a) Ancienneté qui ne doit point ſouffrir de mélange avec la novveauté; c'eſt à dire qu'un nouvellement annobli n'a pas droit de prendre les Armes d'une ancienne Nobleſſe & de s'égaler à elle, en ſe ſervant des mêmes marques qui la diſtinguent, ſur tout ſi ce nouvellement annobli réſide dans la même Province. *Quia tunc fi in Patriâ & regione ubi funt & morantur poffet eis effe dedecus, quod inferiores minoris conditionis* (b) *geſtarent talia Arma, ex quo eis prohiberi poffent, ne talia portent inſtante parte.* Par éxemple, ſi dans la Province de Bourgogne une perſonne vouloit prendre les Armes d'une Maiſon dont il ſe diroit iſſu, & dont neanmoins il ne ſeroit pas; il n'eſt pas douteux que ceux qui ſont iſſus de cette Maiſon pourront s'y opoſer. *Puta fi in ducatu Burgundia aliquis vellet affumere talia Arma, qui non effet de domo & cafata poffet prohiberi à Superiore;* (c) parce que, comme on l'a déja dit, il n'eſt permis qu'à ceux qui ſont d'une même famille d'en porter les Armes qui ſont les marques qui la diſtinguent, par raport aux inconvéniens qui en pourroient arriver, & pour éviter que l'on ne diſe, qu'un homme qui ſort de la roture, paſſe pour être de leur parent & de la même famille qu'eux; ce qui donneroit atteinte à leur Nobleſſe, & qui diminueroit le mérite de ſon ancienneté. *Quoniam aliis non licet portare talia Arma, niſi ſint de cafatâ & domo illorum, & ſi portarent, alioqui poffunt prohiberi; quoniam ex hoc injuriarentur quod inferiores, qui non effent de eorum parentelâ, ſe tales dicerent.* (d)

IV.

Les Auteurs regardent l'uſurpation des Armoiries d'autrui d'une maniere bien différente au Deffendeur; celui-ci traite cela de minucie, & les autres diſent qu'uſurper les Armes d'autrui, c'eſt ſe rendre coupable du crime de faux. *Si quis affumat arma, ſeu inſignia alterius, qui eis longo tempore uſus fuerat, tenetur pœnâ falſi;* (e) Si la maxime eſt vraie en général, elle l'eſt encore plus en certains cas particuliers; comme par éxemple, une famille porte les Armes d'une Maiſon Noble & ancienne, & il eſt arrivé dans cette famille un accident fâcheux qui lui fait une tache, qui la note, & dont la poſtérité ſera toûjours inſtruite; il n'eſt pas douteux que cette Maiſon ancienne & diſtinguée n'ait un véritable interêt de s'opoſer à cette uſurpation, pour que la poſtérité ne la confonde pas, elle qui n'a point encouru de blâme avec une Famille qui l'a juſtement mérité. *Maximè fi fit talis qui in fuâ agnatione habuiffet, vel convictus fuiffet quod vituperio & ignominiâ poffet ex hac ratione prohiberi, & non folum principalis de cafatâ poteſt talia prohibere; ſed etiam quilibet alius, etiam tertius, ut dicit Bartholus:* (f) parce qu'il eſt trés-grave & même injurieux, en pareil cas, de voir ſes Armes paſſer dans une famille étrangére qui la des-honnore. *Graviffimum & injuriofiffimum eſt*

z *Ibid. eqncl.* 20.

a *Ibid. Concl.* 21.

b Dans l'aplication de cette maxime l'on ne prétend point toucher à la Dignité de Mr. le Conſeil. de Cluny, pour laquelle on a de la vénération; mais ſeulement à l'état de ſa perſonne, parce qu'il eſt un homme tout nouveau dans la Nobleſſe.

c *Ibid.*

d *Ibid.*

e *Bald. in Leg.* 2. *Cid. qua res venai non poffunt. Joann. de Montolono, in ſuo prompt. jur. in verbo Arma. Chaffeneuz ibid. ut fuprà,* &c.

f *Bartholi Tract. de Armis.*

videre arma agnationis ad extraneos devoluta. (g)

V

L'Edit des Armoiries a permis aux Roturiers d'avoir des Armes, dit-on, cela est vrai; mais c'est un Edit bursal, qui ne fait mal à personne, parce qu'il s'entend toûjours que l'un ne prendra point celles d'un autre, *sine prejudicio tertii.* (h) Les Auteurs conviennent, qu'à proprement parler, les Armes n'ont été inventées que pour les Nobles, & qu'avant cet Edit il n'étoit nullement permis aux Roturiers d'en porter. *Quod ignobilibus non liceat quovis modo arma, seu insignia solis Nobilibus concessa & inter Nobiles usitata desferre dicam.* (i) En tout cas quand on a toléré que les Roturiers aient pris des Armes, c'étoit à cette fin de distinguer leur famille d'une autre, *ut una parentela discernatur ab aliâ,* (k) & avec deux conditions; l'une, que ce seroit sans préjudicier au droit d'autrui; l'autre, que ce seroit avec une différence de leurs Armes à celles des Nobles; *& non fiat alteri prajudicium : etiam dummodo talia Arma ignobilium non habeant galeam seu cassidem timbratam.* Ainsi tous les Auteurs sont d'accord qu'il n'a jamais été permis aux Roturiers de porter des Armes semblables à celles des Nobles, mais seulement d'en avoir qui conviendroient à leur Famille, à leur Profession & à leur Etat. *Si quis tamen velit assumere Arma de novo, debet assumere magis conformia suis cognatis aut affinibus ..... & secundum quod eis magis conveniant & aproximant statui suo.* (l) Si de tout tems il leur a été deffendu de porter des Armes semblables à celles des Nobles, à plus forte raison ne leur a-t'il jamais été permis d'en porter qui apartinssent à une Maison ancienne & distinguée: *Populares si assumant Arma cavere debent, ne assumant Arma alicujus antiqua domus, & familia jam talia habentis quoniam posset illis prohiberi;* (m) parce qu'autrement l'Etat du Roturier iroit de pair avec celui du Noble. Le Noble n'auroit plus la distinction dûës à son sang. Cela feroit une confusion dans l'Etat & diminueroit l'éclat de la Noblesse. *Cujusque de genere interest Claritatem & Nobilitatem generis conservari.* (n)

Cette maxime est conforme aux dispositions des anciennes Ordonnances de nos Rois. Celle d'Henry III. à Paris en Juin 1576. *Deffend à toutes personnes qui ne sont de Maisons & races Nobles, ou leur Prédécesseurs, lesquels ou eux n'ont obtenu Lettres d'anoblissement de ne prendre le titre & qualité ni les Armes des Nobles.*

A suposer pour un moment (ce qui n'est pas, & que l'on n'a garde d'admettre) que les ancêtres de Mr. le Conseiller de Cluny, comme il le dit, ont porté les Armes de la Maison de Clugny, il ne pouroit tirer aucun avantage de cette possession prétenduë; parce que tous ses ancêtres étant Roturiers, & ayant tous payé la Taille, jusqu'à son pere inclusivement, ils n'ont pas dû porter des Armes des Nobles de distinction, comme ayant en eux une incapacité radicale, suivant les régles qu'on vient de proposer.

VI.

g *Aug. de perusio in consi. 79. & 281. in penult. Col. Chasseneuz Ibid.*

h *Mr. Chasseneuz Conc. 36.*

i *Idem Concl. 20.*

k *Idem concl. 28. n. 5.*

l *Ibid.*

m *Ibid.*

n *Ibid. Concl. 22. n. 4.*

Idem. à Poitiers en 1577. Etats de Blois 1579. art. 205. &c.

VI.

Limitantur præcedentes conclufiones in baftardis, qui "
non portant Arma domus Nobilium, cum non fint No- "
biles, ut dicit Baldus, *in L. cum legitima nuptia ff.* "
de Statu hom. Ideo non poffunt affumere Arma do- "
mus, ut dicit Guillelmus Benedicti, *in fuâ rep. C.* "
Rayn. de Cler. n. 31. de teftam. Ubi tamen concludit, "
quod iftud non obfervatur in Franciâ, quia Baftardi "
portant Arma domus, cum aliquâ tamen Barrâ. (*o*) "

o Chaffeneuz.
Cas. us fuprà
Concl. 24.

Cela ne s'entend que des Bâtards annoblis ; car ceux qui ne
le font pas n'ont pas droit de porter, même avec une barre, les
Armes de la Famille dont ils font defcendus. L'Ordonnance de
1629, art. 198 eft précife là-deffus.

Ne feront tenus pour Nobles, (dit cette Ordonnan- "
ce,) les Bâtards des Gentilshommes ; & en cas qu'ils "
ayent été annoblis par les Rois nos Prédéceffeurs, ou "
par nous, eux & leurs defcendans feront tenus de por- "
ter en leurs Armes une barre qui les diftingue d'avec "
les légitimes : *& ne pourront prendre les noms des fa-* "
milles dont ils feront iffus, finon du confentement de "
ceux qui y ont interét. "

Or *Jean Bâtard de Cluny* dont on a parlé plus haut, n'a pas
été annobli, puifqu'il n'a pas tranfmis la Nobleffe à fa poftérité ; cela eft prouvé, & fes defcendans portent le nom de la
Maifon de Clugny fans le confentement de ceux qui y ont in-
teêrt : donc ils n'ont pas droit de porter l'un & l'autre. L'Ordonnance l'a décidé.

VII.

La maxime eft certaine: l'on ne prefcrit jamais les droits qui
font attachés à la Couronne ; il n'eft permis, à proprement parler, qu'au Roi de conférer des Armes. L'Arrêt du Parlement de
Paris, dont l'on a raporté le difpofitif à la p. 33. cy-deffus, en eft la
preuve, *fauf aufdits Mailly*, y eft-il dit, *à fe retirer par devers le*
Roi pour obtenir des Armes difféxentes, s'il plaît audit Seigneur
Roi leur en accorder.

Les Armes, d'un autre côté font de droit public. La maxime n'eft pas moins certaine que les chofes qui font de droit
public ne fe prefcrivent point : *Ufucapionem recipiunt maximè*
res corporales, exceptis rebus Sacris, Sanctis, Publicis, Populi Ro-
mani & Civitatum, item liberis hominibus. (*p*)

p Leg. ufucap.
§. de ufurpatio-
nibus & ufucap.

Enfin ceux qui ne peuvent pofféder, ne peuvent pas prefcrire,
qui non poteft poffidere, non poteft præfcribere ; cela eft encore certain : or les Auteurs de Mr. le Confeiller de Cluny n'ont pû
poffeder les Armes des Nobles de la Maifon de Clugny, puif-

K

qu'i's n'étoient pas Nobles ; donc ils n'ont pû les prescrire, à tout suposer : donc le Deffendeur ne peut pas se prévaloir de leur possession prétenduë.

VIII.

Selon les principes même de Mr. le Conseiller de Cluny, les enfans ne peuvent pas se prévaloir de la possession de leur pere, lorsque cette possession est vicieuse & deffenduë. Voici ses propres termes.

L'usurpation des peres n'excuse pas celle des fils, les Sieurs de *Theniffey & Gonsors, & leurs Auteurs, en ligne directe n'ayant* jamais eu d'Emplois (q) *ne doivent être regardés que comme de simples particuliers; s'ils se sont attribués faussement le Titre de Chevaliers, cela ne tire point à conséquence, & une simple énonciation n'est capable d'attribuer une qualité qui ne peut être conférée que par le Souverain.* (r)

q Cela est trés-faux. L'on a prouvé le contraire par leurs Brevets.

r V. la page 42 de son Inventaire impr.

L'on a répondu à cet argument en faisant voir le droit que les Sieurs de la Maison de Clugny avoient de prendre ces qualités : droit confirmé par Jugemens de l'Intendance, Reprise de Fiefs, Arrêts de cette Cour, Arrêts du Conseil, &c. Ainsi son raisonnement porte à faux, parce que la régle n'est pas aplicable. Faisons voir qu'étant rétorqué contre lui, il sera juste & aplicable.

L'usurpation des peres, dite-vous, *n'excuse pas celle des fils : tous vos Auteurs en ligne directe*, même les plus hupés, *n'ont jamais eu d'Emplois* qui pussent les annoblir ; ils étoient tous Roturiers, & par conséquent *ils ne doivent être regardés que comme de simples particuliers*. S'ils se sont attribués *faussement* la qualité de Nobles & les Armes de la Maison de Clugny : *cela ne tire point à conséquence & une simple énonciation* & possession des Armes (à suposer qu'elle fût acquise) *n'est point capable d'attribuer le droit* de porter des Armes, *qui ne peut être conférée que par le Roi* ; (f) n'est-ce pas là le cas de vous dire, ce que vous nous avés dit dans un autre endroit de vos écritures ? *Ex ore tuo te judico.* (t)

f Cela s'entend d'autres Armes, & salvo jure alieno.

t C'est dans sa Rép. impr. p. 8, & son Invent. impr. p. 16.
V. comme on y a répondu à la p. 160 du Cayer impr.

Monsieur DAVID Commissaire.

Signés, DE CLUGNY Theniffey.

JUILLET Conseil.

PETITOT Procureur.

AVERTISSEMENT.

L'on n'a pû éviter, malgré la précaution qu'on a prise, qu'il ne se soit glissé quelques fautes d'impression dans les deux derniers écrits des Sieurs de la Maison de Clugny. On y trouvera quelques changemens de mots, quelques équivoques dans les chiffres, quelques erreurs dans les citations, qui n'ont rien, au fond, d'essenciel ; il faut convenir neanmoins, que pour un si grand Ouvrage, elles sont en petit nombre. L'on corrigera celles dont on s'est aperçu dans l'Original & la Copie qui en sera signifiée, pour que la Partie averse ne nous cherche pas quérelle là-dessus ; les Lecteurs supléeront aisément au reste.

De l'Imprimerie de C. MICHARD, A DIJON.

www.ingramcontent.com/pod-product-compliance
Lightning Source LLC
Chambersburg PA
CBHW060755280326
41934CB00010B/2499